春发其华，秋收其实，有始有极，爰登其质。

——《后汉书》卷五十二《崔骃列传》

春華集

中华书局员工文选

（二〇二〇年）

中 华 书 局

图书在版编目(CIP)数据

春华集:中华书局员工文选(2020年)/中华书局编. —北京:中华书局,2021.12
ISBN 978-7-101-15517-4

Ⅰ.春… Ⅱ.中… Ⅲ.社会科学-文集 Ⅳ.C53

中国版本图书馆CIP数据核字(2021)第254356号

书　　名　春华集——中华书局员工文选(2020年)
编　　者　中华书局
责任编辑　梁　彦　赵妮娜
出版发行　中华书局
　　　　　(北京市丰台区太平桥西里38号　100073)
　　　　　http://www.zhbc.com.cn
　　　　　E-mail:zhbc@zhbc.com.cn
印　　刷　北京瑞古冠中印刷厂
版　　次　2021年12月北京第1版
　　　　　2021年12月北京第1次印刷
规　　格　开本/850×1168毫米　1/32
　　　　　印张10½　插页6　字数200千字
印　　数　1-600册
国际书号　ISBN 978-7-101-15517-4
定　　价　60.00元

《周易十书》

《吴湖帆与周錬霞》

中华书局
美术编辑
毛 淳
· 设计作品 ·

《乾隆十二时辰》

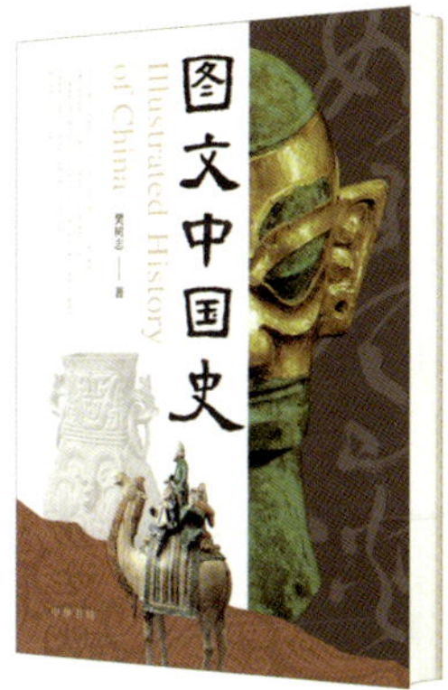

《图文中国史》

“一壶天地”系列

《钱锺书的学术人生》

《故宫营建六百年》

中华书局
美术编辑
王铭基
· 设计作品 ·

“前四史”系列

“我们一起去寻宝”系列

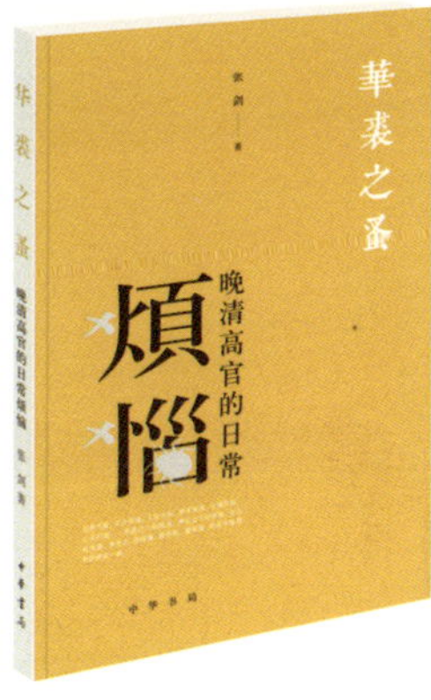

《华裘之蚤》

《从草原到中原》

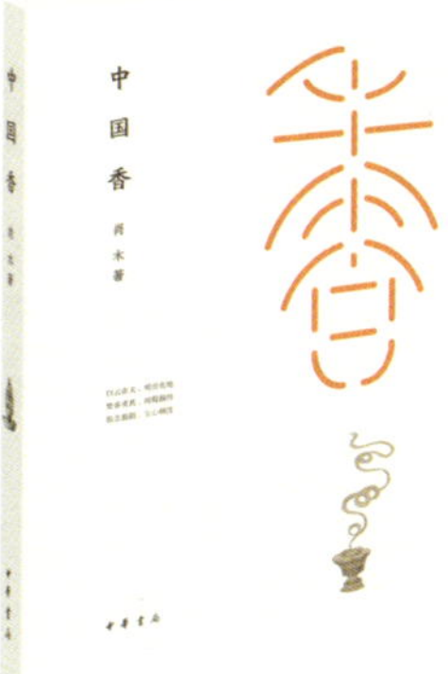

《中国香》

中华书局
美术编辑
刘 丽
·设计作品·

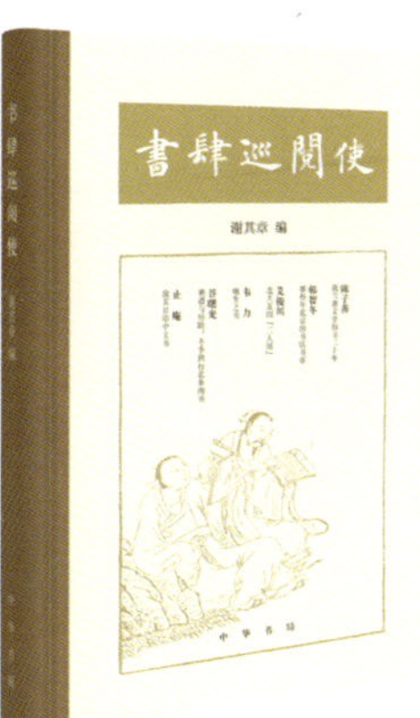

《书肆巡阅使》

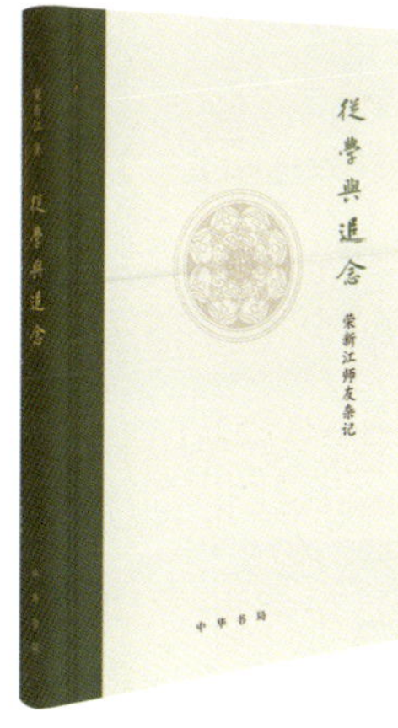

《从学与追念》

《郎世宁的西域画》

《寻宋》

《龙门石窟供养人》

《整合与重构》

中华书局
美术编辑
周 玉
·设计作品·

《学术与时势》

《朱子〈大学〉经解》

“都城风物”系列

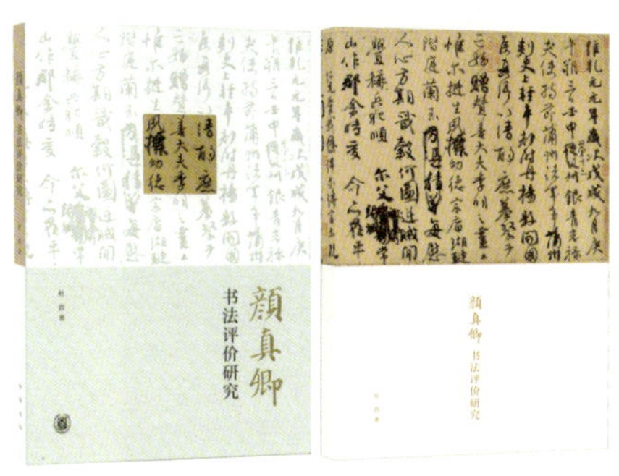

《颜真卿书法评价研究》

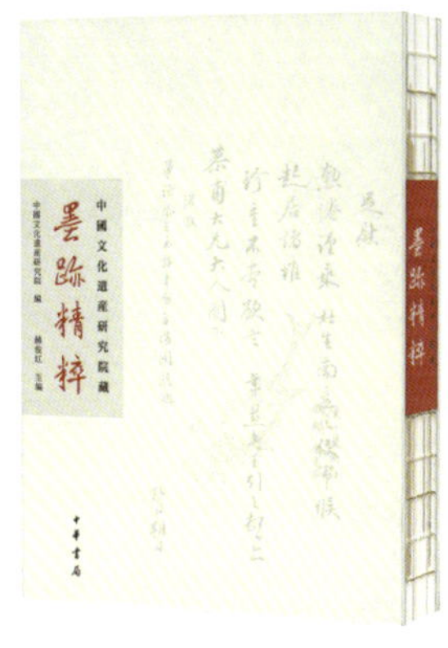

《中国文化遗产研究院藏墨迹精粹》

《毛诗名物图说》

《宜兴古代紫砂器全形拓》

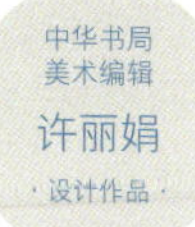

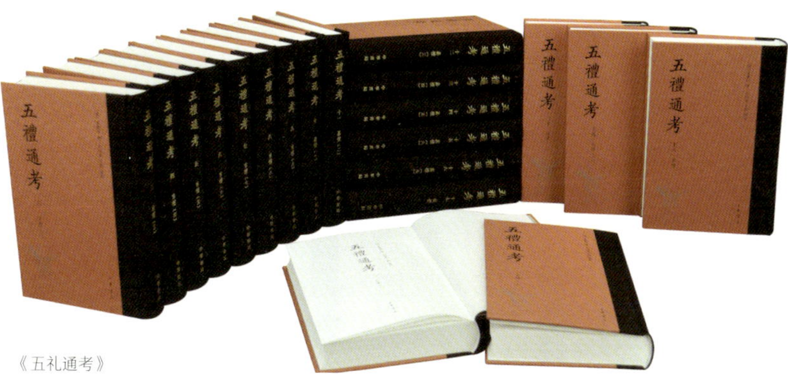

《五礼通考》

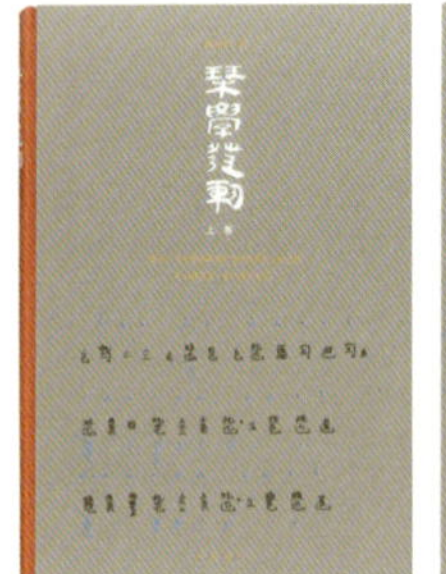

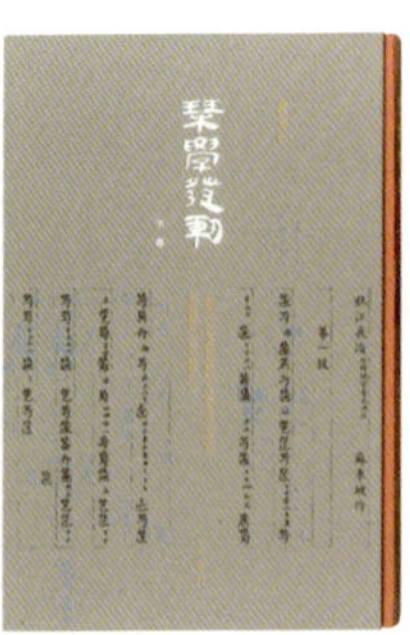

《琴学发轫》 许丽娟 设计

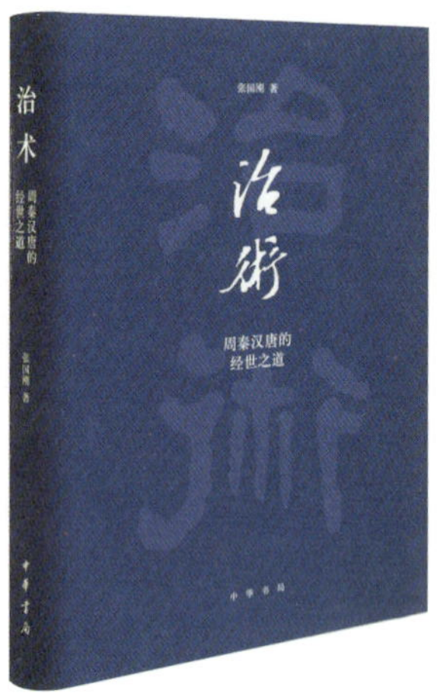

《治术》 刘丽 设计

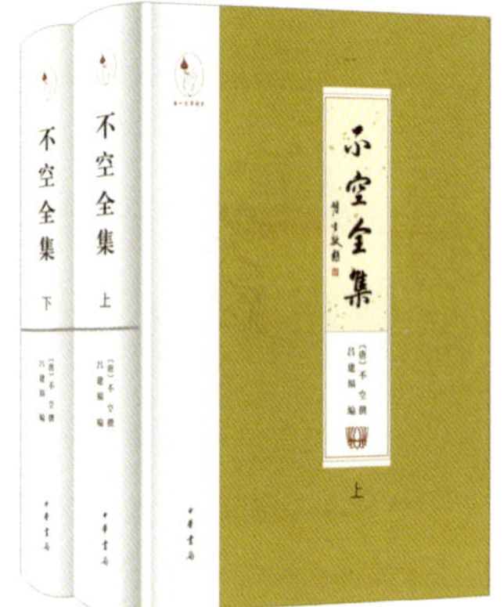

《不空全集》 周玉 设计

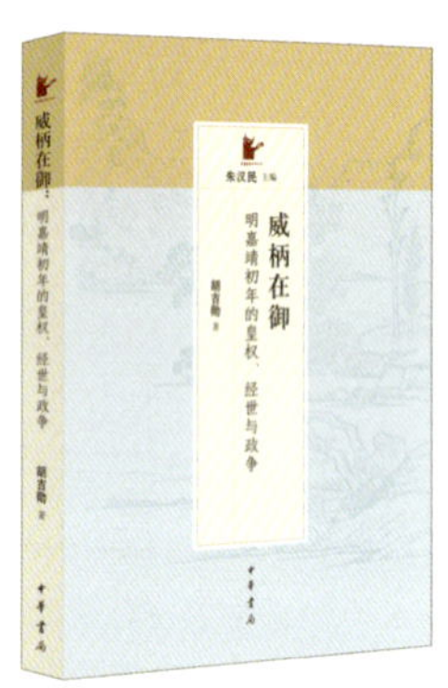

《威柄在御》 周玉 设计

“天夫诗联赋”系列 许丽娟 设计

《旅顺博物馆藏新疆出土汉文文献》 许丽娟 设计

《读书与藏书之间》 刘丽 设计

《千年遗墨》 许丽娟 设计

《校雠广义》 刘丽 设计

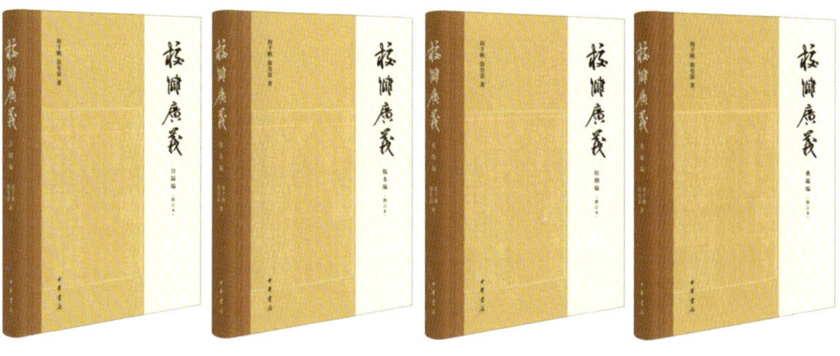

《古人的生活世界》　王铭基 设计

《农政全书校注》　周玉 设计

《易代》　刘丽 设计

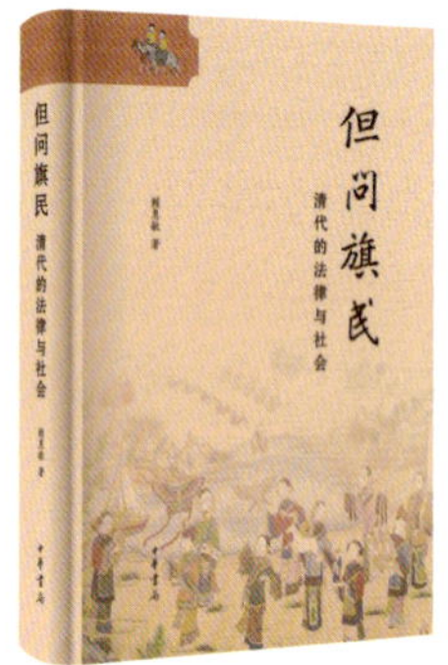

《但问旗民》　周玉 设计

《满大人的荷包》　周玉 设计

《红楼梦整本书阅读与研习手册》　王铭基 设计

《治学之道与著述之道》　王铭基 设计

商号》编辑手记 / 52
熊瑞敏 《诸子锦言录》：诸子名言大全，写作引用宝典 / 56

书里书外

马　婧 《金史》——元修三史中最善之作 / 63
徐真真 带上《五礼通考》，明明白白逛历代帝王庙博物馆 / 69
邹　旭 五百万言殷勤语，为开般若智慧门：《中华大藏经·续编》又添新章 / 73
胡　珂 都城风物——四个古都的记忆 / 77
王　娟 研究《老子》的必读书——《帛书老子校注》 / 80
汪　煜 但开风气不为师：臧琳与他的《经义杂记》 / 85
汪　煜 《皮锡瑞日记》：展现清代学术一角，比肩“晚清四大日记” / 89
黄飞立 探究司马迁隐秘心曲的《时空》
——走进经典的另一条路径 / 93
吴艳红 “治术”：从传统治道到现代国家治理 / 99
胡香玉 启功先生《读〈红楼梦〉札记》讲了什么？ / 102
徐卫东 莫道先生老，却比汝时髦
——读吕思勉《中国古代文化常识》 / 109
但　诚 我读《古人的生活世界》 / 114
刘冬雪 光明逝尽昏黑夜，心灯长明照古今
——浅谈《王伯祥日记》对灯火管制的记录 / 118

目　录

编辑手记

傅　可　走进2019“中国好书”《庄子的世界》／3
郭时羽　最资深“钱迷”眼中的钱锺书
——《钱锺书的学术人生》编辑手记／9
王守青　打造精品，服务读者
——《中华经典名著全本全注全译丛书·读通鉴论》编辑手记／21
欧阳红　三十七年磨一剑，终成完帙
——《日本帝国主义侵华档案资料选编》编后记／30
陈　虎　来自远古的智慧“碎片”
——《黄明哲正解〈道德经〉》编辑手记／38
郭时羽　君子以多识前言往行，以畜其德
——《濠上漫与：陈尚君读书随笔》编辑手记／46
刘冬雪　一只“荷包”的诞生
——《满大人的荷包：清代喀尔喀蒙古的衙门与

梁　彦　鬓边海棠依旧，竞逐氍毹风流
——重读齐如山《氍毹留痕》/ 124
张　伟　侧看缘来好峰多：葛兆光海外学术论著评论中的通人之学 / 128
吴艳红　西医是怎么来到中国的 / 134

学林散叶

杜艳茹　一位民国时期图书编辑的日常 / 143
齐浣心　赵万里与古籍整理出版 / 155
齐浣心　傅乐焕："穷源竟委"的古籍整理 / 167

百川学海

俞国林　《清代学术概论》之撰著始末及其增删改写 / 183
朱兆虎　章太炎《春秋左传读》成书时间考 / 221
王守青　古籍今注今译，不可忽视人文背景——以《颜氏家训》为例 / 227
熊瑞敏　《太平广记》编纂主旨平议 / 238

艺文类聚

宋凤娣　滚滚长江东逝水，浪花没有淘尽谁？ / 247

许庆江　吴梅村与《圆圆曲》/ 254
刘　明　为程毅中先生颂寿 / 262
李世文　乘风破浪的藏书家 / 269
刘　晗　一手执笔，一手撸猫：为什么作家都有猫 / 279

出版与品牌

张玉亮　技术变革时代出版史料发掘与研究刍议：以中华书局为例 / 287
郭时羽　“明知山有虎，偏向虎山行”
——关于学术图书走近大众的努力 / 297
张　昊　文献学术出版人的分内事：做好专业内容的大众化和普及化 / 302
李　爽　镌刻进生命里的书与人 / 309
范京京　伯鸿书店漫步 / 316

特　稿

赵声良　在中华书局的日子 / 325

编辑手记

走进2019“中国好书”《庄子的世界》

傅　可

《庄子的世界》是一部怎样的书？

王景琳、徐匋的新著《庄子的世界》，将《庄子》内七篇与外、杂篇分离开来，并就内篇所阐发的庄子思想、体现出的庄子精神、构建出的理想与现实社会，及其创造出的各类具有象征意义的群体视为一个独立且完整的庄子世界来加以研究分析。作者采取边注边议边评的写法，以明快轻松的行文，不但为我们还原了一个真实的庄子的世界，而且引导读者一步步走进这个“以谬悠之说，荒唐之言，无端崖之辞，时恣纵而不傥，不以觭见之也”，且“独与天地精神往来”而又“以与世俗处”的庄子世界。

这本书有如下几个特点：

基础。这本书是为扫清读者关于《庄子》的认识误区而写，因此特别强调相关知识的基础性，不面面俱到，不横生枝节。作者每每从一个小问题入手，进而铺展开来，先提出核心问题，再带领读者从浩繁的语义中寻找答案，让读者对于所述问题有一个基本的理解和清晰的认识。

贯通。所谓贯通，就是注重对经典文献的某种艺术形式、某种文学现象进行整体性、贯通性描述，通过沿波讨源、由本及末的分析叙述，描述《庄子》本身的文学形式，文学现象之产生、发展及演变过程，揭示其思想线索的一般规律。

准确。知识的第一要义是准确，因此本书强调论从史出、言必有据的原则，作者每一新见，都依据翔实的文献考据，渊源有自，绝不凿空，同时本书注意吸纳最新的研究成果，这使得全书有了严谨的风格和科学的基础。

流畅。作品是要让大多数人看得懂、喜欢看的，在保持知识讲授的准确性的同时，作者注意了文笔的流畅性。“言之不文，行而不远”，文章注重表达，注重修辞，不故作玄妙，不高深艰涩，力图让读者在轻松明快的笔调中，接受经典带给人的艺术之美与心灵享受，以自由放松的心态走进《庄子的世界》。

《庄子的世界》是如何诞生的？

一本好书的诞生需要方方面面的配合与协作，作者、编辑、校对、美编、审读、装帧、印制、市场、发行，每一个环节都至关重要。

以本书为例。书稿交到了编辑手中，编辑在大的框架基础上，与作者商讨、打磨细节，这其中包括底本的选择与文字、语句的运用，同时，补充了很多初稿中没有的篇章，使之达到一本书的完整形态。之后交由校对核查引文、校正讹误，保证成书的质量。

需要着重说明的是，本书一个很重要的贡献就是，作者在全书中都把《庄子》内篇作为一个环状结构的完整世界来阐述。作者认为内篇中的每一篇既相对独立，又与其他六篇首尾相接，构成了一个包罗万象，涵盖理想、精神、思辨、社会、人生、体认、修行、处世、治世等人类社会各个层面的完整的立体化的庄子的世界。那么如何在图书内部的形式上，传达作者的阐述与思想也是需要考虑的，在这方面，美编下了很多功夫。目录、篇章页、内文的版式设计都体现着这种“环状结构”，与内容主题高度契合，让读者在潜移默化中深入理解作者的研究思路与意图。

图书出版后，需要市场和发行来让更多的读者了解、关注，这又离不开相关同事的辛苦付出，他们是与读者对接的第一线，是真正的内容传播者。

当然这一切的一切都源自于作者扎实的学术素养与功底，以及数十年如一日的辛苦治学。王景琳、徐匋两位先生在《后记》中回忆了他们治学的经历。在 1984、1985 年间，他们选定《庄子》作为研究对象，之后的 30 多年中，他们搜集资料，阅读各家注本，做卡片，抄录各家《庄子》点评，积攒了近百万字的卡片。在这个过程中，他们边抄录边交流，不断探讨对《庄子》精神及文学的理解，在很多问题上形成了新的想法。同时，为了让更多读者接受他们的研究成果，两位先生在写作中特别注重摆脱学院式语言的束缚，避免学究气，力求行文的明快、流畅，用读者最熟悉的语言讲述庄子，让庄子的世界成为一个用大家所熟悉的语言构成的世界。正是两位先生的积累与沉淀、睿智与从容，造就了这本书。

好书应具备何种品质?

首先，我认为一本好书一定要有锋芒。这种锋芒一方面来自批判，一方面来自视角。一部书、一种思想、一种观念、一种文化，不经过批判很快会丧失自身的张力，营养会迅速流失。视角来自作者对材料的掌握以及对生活、社会、历史的观察与思考。对材料的筛查与掌握是保证视角的核心，否则这种视角也不会经得起岁月的考验。

其次，一本好书一定要与生命契合。这点说起来有点儿玄，就如诗词，你很难说出哪首诗是最好的，不过是在生命中的某个阶段，你突然理解了诗人，与诗句产生了共鸣。书也是这样,好书一定会在你的生命中占有一席之地，能调动起一种情绪或传递一种生命的价值。

如何发现好书选题?

我想除了多读别无他法，只有读得多了，才能培养起鉴别的能力。不过作为从业者，我们知道在这个行业里，每种类别的书都是有一些行业标杆的，这种标杆最多地体现在出版社的精神传承。例如古籍整理，在国内肯定要数中华书局，百年企业视信誉为生命，此类书质量基本不会差。当然其他门类的书都有着自己的标杆，这就有待读者自己去发掘了。

编辑眼中的作者是怎样的?

因为作者现在常居国外，与国内存在时差，基本上是黑白颠倒，所以我与作者交流主要靠微信留言（主要是与王景琳先生联系）。在整个出版过程中，给我印象最深的就是王景琳先生的勤勉、认真、细致与儒雅，每一个校次王先生都亲自核对，保证内容质量。王先生谈吐不凡，儒雅随和,每次与王先生交流都有如沐春风之感。出书之后，相关的宣传活动，两位老师也都是极力配合，迅速且高效，我想这与他们的治学风格也是一致的。

好书如何影响读者?

目前读者认同度最高的图书奖项就是“中国好书”吧，毕竟由央视播出颁奖典礼，受众应是最多的。

从销量来看亦有直观感受，毕竟每年20余万种新书让读者难以挑选，图书奖项是一种有益的曝光，让读者更快地了解一本好书的相关信息，从这一点说，对读者的影响是毋庸置疑的。

（原载2020年5月25日《藏书报》公众号，有删节，作者系中华书局大众图书出版中心编辑）

最资深"钱迷"眼中的钱锺书

——《钱锺书的学术人生》编辑手记

郭时羽

2020年是钱锺书先生诞辰110周年，中华书局推出著名学者王水照教授新著《钱锺书的学术人生》，表达对这位被誉为"文化昆仑"的大师最真切的敬意与纪念。

王水照教授曾于中国社会科学院（以下简称社科院）跟随钱锺书先生治学与工作多年，二人虽无师生之名，而有师生之实，始终保持密切的来往。王水照教授对钱先生的学术、生活有深入的了解，他在宋代文学领域取得的卓越成果，亦曾受钱先生启发。王水照教授认为，钱先生手稿中尚有大量相关研究未及整理发表，实为学界之憾；而关于钱氏曾被诬告的经历、学术究竟有无体系、钱锺书与陈寅恪观点碰撞等众说纷纭的问题，他亦以亲身见闻，结合自己对学术的理解，给出了答案。

一、困难和收获，都出乎意料

11 月 21 日钱先生生日当天，“钱锺书先生诞辰 110 周年纪念座谈会暨《钱锺书的学术人生》新书发布会”在复旦大学召开，与会的有来自钱先生生前所在单位社科院的学者代表，有曾与钱先生交往密切的前辈学人，还有对“钱学”研究精湛的中青年学者。但在所有“钱迷”中，最资深的仍莫过于《钱锺书的学术人生》一书作者王水照先生。王先生是复旦大学文科资深教授、博士生导师，曾任复旦大学中文系学术委员会主任、中国宋代文学学会会长等，今年已 86 岁高龄。他与钱先生相识相交 38 年，前 18 年在社科院得钱先生耳提面命、指点治学之道，后 20 年亦频繁往来，始终执弟子礼。钱先生去世后，他更致力于《钱锺书手稿集》的解读，将研究、弘扬老师的学问作为自己的一大任务。

座谈会上，嘉宾之一的董乃斌教授回顾自己在社科院与钱先生、王水照教授朝夕相处的情景，感慨“水照是我们这代中文学者里最了解、最有资格写钱先生的人”。刘永翔教授亦说：“王水照先生追随钱先生三十八年之久，有他人无法企及的全面深入了解，本书的价值也在于此。”傅杰教授则总结读此书的感觉为两点：

> 一是王先生对钱先生太“知其人”了。我想现在在世研究钱锺书先生的人，大概没有一个人的了解可

以深入到王先生的程度，有这么多年非同寻常的师弟之谊。二是平实的态度与精细的研究结合在一起。王先生做古典文学研究非常精细，平时做事也很精细，钱先生就表扬过他的“明通之识，缜密之学”，这两点结合在一起，就形成了这本书的高度。

傅杰教授的总结极为精准。自去年9月商定选题至今年11月见书，一年多来我与王水照教授频繁往来打磨书稿，对这两点体会尤其强烈。说实话，全书共20万字，通常情况下本不需做这么久，但期间遇到了出乎意料的困难，却也因此有了出乎意料的收获。且正因这困难与收获，我深刻感受到王水照教授尊师重道的品格与大力弘扬“钱学”的心意，能够见证这种师弟之谊和学术传承，真是一种幸运。

二、新增两篇万字长文

座谈会上，有学者感慨，拿到书后“原本以为里面很多论文以前都是在期刊网下载读过的，只需看看新文章就好了。结果开卷发现全书结构非常连贯，不由使我整体重读了一遍”。如其所言，本书并非已有文章的简单结集，而是将所有篇目打通，重新编排，不仅统一各方面体例，内容亦有增，有改，有删。删的工作主要由我负责，因单篇文章发表时，须照顾首尾周全，部分内容不得不反复出现，作为书中的章节，前后有所呼应，便不必重复。适当的删减既可提升读者的阅读感受，也可节约篇幅，降低成本和定价。而增改的内容都由王水照教授以 86 岁高龄，克服疾病困扰，一字一句写成。

全书的第一篇文章是《记忆的碎片——缅怀钱锺书先生》，撰于 1998 年 12 月 23 日，钱先生去世后的第四天。此后，王水照教授又撰写了《钱锺书先生横遭青蝇之玷》《“皮里阳秋”与“诗可以怨”》等文章，梳理钱先生生前经历的一些重要事件，为他遭受的一些误解乃至污蔑辩白，澄清事实。为纪念钱先生百年诞辰，他撰写了《钱先生的两篇审稿意见》，回忆钱先生当年对自己的指导与教益，探讨其间透露的学术理念。在《钱锺书手稿集》出版后，他更是以极大的精力投入其间，非但在征得杨绛先生同意后即着手整理《容安馆札记》中有关宋代文学的部分，还撰写了《〈容安馆札记〉与南宋诗歌发展观》等多篇论文，或是通过手稿与正式出版著作相互印证，解答钱先生的宋诗观等困扰学界许久的问题，或是归纳手稿集相关段落，阐发钱先生的学问精髓，更希望由此探索钱先生潜在的学术体系。此次成书，首先自然是将这些文章全部收集起来，并大致分类，归为四辑。

但是王水照教授对此并不满意，一直希望增补。2019 年底到 2020 年初那段时间，他身体状况欠佳，深受头晕之苦，完全无法动笔，但待身体稍一好转，便又坐在书桌前展开研究与写作。一直到 2020 年 7 月，王水照教授增写了数万字内容。最醒目的自然是两篇万字长文，一篇《自序：走进“钱学”——兼谈钱锺书与陈寅恪学术交集之意义》，1.2 万字，除了交代此次成书缘由外，更以强健的笔力和清晰的学术思辨，分析了钱先生与陈寅恪先生之间五个学术观点交集的案例，并从这个角度切入探索钱先生的学术体系，指出“文学是‘人学’，必然与各个学科发生关联，因而，单纯地从文学到文学的研究路线是不足取的，必须同时进行交叉学科的研究，但最重要的，必须坚持文学的本位……不能让其他学科代替文学研究本身，这是贯穿钱锺书先生全部著述的一个‘系统’”。这样有力的文字一面世，即受到学术界的重视，即如陈引驰教授所言：“这次新写的序言谈钱先生与陈寅恪先生学术观念的关系，触及的是一个非常重要的大问题，很了不起！”

另一篇《读〈容安馆札记〉拾零四则》，1.3 万字，是王水照教授近年来反复研读《容安馆札记》的心得，此前未及成文，借这次成书的机缘，他“逼迫”自己写了出来。要知道，王水照教授不用电脑，这几万字都是他一笔一画写出来的。

王水照教授在自序中说：“这次编集，除了文字的修订外，我新写了此篇《自序》《读〈容安馆札记〉拾零四则》及两则附记。”这是择要的说法，实际上还有不少散于全书各处的增补。零散的就不提了，这里介绍几篇较长较重要的：

为《〈宋诗选注〉的一段荣辱升沉》增写的附记，补充交待日本学者小川环树于1959年4月在京都大学《中国文学报》上发表为钱氏“平反”之书评的前因后果，词学大家龙榆生在其中可能起到了重要的作用。

为《〈正气歌〉所本与〈宋诗选注〉“钱氏手校增注本”》增写的附记，进一步分析钱先生不选《正气歌》的原因，对照大力推崇《宋诗选注》一书的小川环树却对《正气歌》“大选特选”，阐述自己这些年对此事的探究与理解。

《钱先生的两篇审稿意见》一文中，原本只是分段引用了钱先生审稿意见中的话，此次则新增两篇审稿意见全文，附在文后。顺便提一句，对此王水照教授一直很犹豫，最后在我们再三劝说下，考虑到原文件系工作性质的公函，且是纯粹的学术探讨，才同意全文公开。其中一封审稿意见因当时用圆珠笔写于薄纸上，年久漫漶，王水照教授怕我们认不清，特地工工整整地抄了一遍。第14页所附钱先生1984年12月信函，情况也与此类似。

日本早稻田大学内山精也教授，是宋代文学研究领域卓有成就的学者。1988年，他到复旦大学进修，跟随王水照教授学习宋代文学。此前，他在日本已与若干同道学人一起从事《宋诗选注》翻译工作，到沪后就与王水照教授做了一次关于《宋诗选注》的对话。钱先生看到了这篇《对话》，在信中表示“奖借过量，益增惭悔”，这当然是他一贯的谦辞，但应该确是比较满意的，所以同意内山精也到他家中拜访，畅谈许久，并留下了珍贵的合影，即此次收在书中第 219 页的那张。此事的前因后果，王水照教授原在《钱锺书先生的闲谈风度》一文开头有过简单介绍，此文发表时，自需一个冒子，既是引起全文，也是交代前情；但收进书中时，因全书均围绕钱先生，故不再需要这个冒子了。我便建议王水照教授把这一段移作《对话》一文的附记，王水照教授采纳了这个建议，但认为直接移过来不够妥帖，遂在吸收原先文字的基础上补写附记，将事情交代得更全面。他的精细缜密，于此亦可见一斑。

此次出版，还为每篇文章划分章节，设置了小标题，如《钱锺书先生横遭青蝇之玷》一篇分为“不愿去父母之邦”“与李克、李又安夫妇的关系”“匪夷所思的诬告”“生存智慧、人生与学术的交集”等，且在目录中显示，使读者能够更加直观地了解文章内容，寻找到自己的兴趣点。陈尚君教授说，这是与当年周振甫先生做钱先生书一样的做法。说来惭愧，设计时并没有意识到这一点，偶然的暗合，让我深感心同此理的奇妙。

三、一张张拍照传校样

除了新增大量内容外，王水照教授逐字逐句审阅了全新编排过的书稿。本来每次书稿有进展，或是王水照教授有什么新材料要交待，都是我到学校或他的住处送、取，但随着新冠肺炎疫情的肆虐，各个小区封闭，我们自也不例外。春节前，我把一校样送到了王水照教授住处，没想到当他看完校样时，我却不能去取了。那怎么办呢？起初试过电话沟通，但一来修改得太多，这样要讲很久，还容易听差记错，并不可行。最后采取的办法，是逐页拍下来，再用微信发给我。86岁的王水照教授，虽然一向与时俱进，也早就有了微信，但说实话用得并不多，毕竟看手机伤眼，所以我一般尽量把材料打印出来送去，减他负担。但这时实在没有办法，逼得他使用微信的频率大幅提升。一校样比成书篇幅少一些，但也有200多页，老先生硬是逐页拍照后发送给我！

王水照教授那段时间身体仍然虚弱，却还是坚持一页一页看完全部校样：从小标题的修改，到出处的校正，乃至一个字或一个标点，都一丝不苟地批注在稿面。如第一篇文章，我原分为4段，第4个小标题拟为“是否当写传记并建立‘钱学’？”王水照教授改分为5段，将原第4段分为“拒绝为他立传的背后”和“‘钱学’‘理论体系’与学术走向世界”，更明晰而准确。又如《钱锺书先生的〈西游〉情结》开头，说钱先生看书，“不仅读一遍两遍，还会读三遍四遍”，引号后面补注出处：杨绛先生语。《解读〈钱锺书手稿集·容安馆札记〉》一文中，说到钱先生在《札记》中的一句按语“余豢苗介立”，王水照教授补充了引者按:“志怪小说《东阳夜怪录》中人物,此即指猫。”除了细致的修改外，有时王水照教授怕我不明白，还会在边上注明为什么要做如此修改。整本校样看完，对我来说仿佛是上了一堂精彩的学术写作课！

其中有一页校样，令我尤感触动。王水照教授有许多材料留在旧居，他一直想找，但因为疫情无法回去。在校样处理到相关问题时，他批注道："这个材料须回旧居找。"然后情不自禁地大叹一句："快点解除隔离吧！"王水照教授性情是极温和的，我自读书时认识他，20年来似乎从未见他着急慌忙，总是那样淡定，不疾不徐。但看着这行字，我好像见到了他苦恼烦闷的样子，他对这本关于钱先生的书稿的重视，在这不经意的字里行间亦展露无遗。

四、亲身示范"弟子服其劳"

王水照教授自1960年从北京大学毕业进入社科院（当时称中国科学院哲学社会科学部），即跟随钱锺书先生治学与工作，一直到1978年他调至复旦大学，亲承謦欬18年；而自1978年至1998年钱先生去世，20年间他们也始终保持密切的联系。这次的书前，有一封杨绛先生写给王先生的信件，对他为钱先生百年诞辰纪念论文集写的文章表示肯定，还回忆了当年生活的情景："我还记得我们那间陋室，你曾为我们缠上一条铅丝。铅丝始终'直如弦'，整栋七号楼已无迹可寻矣。"当年钱、杨二先生住在一间小宿舍，王水照教授住在兼做仓库的门房，距离非常近，除了在屋内拉一根铅丝用来晾衣服、毛巾，他还为钱先生的台灯换过功率较大的灯泡，因书桌前的窗户朝北，光线不足，灯亮一些，钱先生才好读书，不至于伤眼。

另一封信中，杨绛先生问:"'烧饭人'还记得我吗？"这个"烧饭人"是谁，引起了大家强烈的兴趣。答案是：王水照教授的公子。当时他尚年轻，公子更是只有几岁，在社科院里自己玩，遇到了杨绛先生。难得碰到一个说上海话的小朋友，杨先生非常喜欢，就与他聊起来。小朋友叫她"阿姨"，杨先生说："你应该叫我阿婆。""为什么？""你去问你爸爸就知道了。"王水照教授的回答是："因为她是我的老师，所以你要叫阿婆呀。"杨先生听到后笑说："我不是你的老师，钱锺书才是。"这句话被王水照教授视作一种认可，一直记在心里。当时杨先生还问小朋友"你以后要做什么"，答曰"要烧饭"，逗得杨先生大笑，后来每与王水照教授通信，末尾总要问一句"烧饭人"如何了。

这次的书中，最遗憾是没有一张王水照教授跟钱先生的合影。对此我再三问过王水照教授："为什么别人都有，您反而没有呢？"他说："你不知道，我那个时候见到钱先生，都是毕恭毕敬的，哪敢提什么要求！你看到广宏当年在章先生跟前的样子，就知道我的样子了。"外子陈广宏是章培恒教授弟子，所以王水照教授以此打比方，我便完全明白了。另外，在那个时代，照相机是稀罕物，拍照远不如现在这样方便，别说合影，那些年的单人照，王水照教授都几乎没有。还有一个原因他没有讲，但我想还在于日常天天见面的人，往往想不到特意去拍照；反而是难得见面、特地相约的，才会专门准备相机合影。就像内山教授 1989 年去拜访钱先生，一方面是当时他在日本比较容易获得相机，一方面是专程拜访，知道机会难得，所以才留下了这次收在书中的珍贵照片。

《钱锺书的学术人生》中关于“钱学”的探讨，已经受到许多关注。王水照教授作为中国古典文学研究领域的泰斗，以他的学术功力，去分析、探究钱先生的学术思想，自然与他人不同。对此,相信今后会有更多专业学者讨论。而我在这次出书过程中，深切感受到王门弟子对老师的满腔热情。侯体健教授作为王水照教授的助手，从选题、分辑、搜集文章，均深度参与，后来新增的两篇万字长文，都是王水照教授手写后，由他输入电脑并校对的；书后附录的“本书所涉与钱锺书先生相关文献”，则是由他的太太刘晓旭整理的初稿。卢康华博士是西泠印社社员，艺术功力深厚，书中所有涉及《钱锺书手稿集》的引文，都由他校对一至二过。钱先生的手稿集是公认的难读，不仅多为草书蝇头小字，而且从天头到地脚密密麻麻，或横或竖，或忽然一根细若游丝的线条指引到旁边插入。我复校引文时，常常半日只能找到一条，眼睛睁到要流泪，也未必能看得清楚。如果没有卢博士的校核，真不知该怎么办。书中钱先生信函和两篇审稿意见的释文，都是卢博士做的，他还取钱先生“书癖钻窗蜂未出,诗情绕树鹊难安”之句,篆刻了“书癖诗情”印章一方,作为110周年诞辰的纪念。另外，王水照教授门下还有许多学生参与了书稿校对和纪念会筹办的工作，正如王水照教授自序最后所云，他们都有“弟子服其劳”的精神。我想，这跟王水照教授对自己的老师始终敬重、以弘扬老师的学术为己任有关，言传身教，给他自己的学生做了最好的示范。

（原载2020年12月19日《解放日报》，作者系中华书局上海聚珍文化传媒有限公司编辑）

打造精品，服务读者

——《中华经典名著全本全注全译丛书·读通鉴论》编辑手记

王守青

“中华经典名著全本全注全译丛书”系列之《读通鉴论》，是我们在疫情年做的第一部大书。《读通鉴论》是明末清初三大思想家之一王夫之的一部史论名著，是王夫之阅读《资治通鉴》的笔记，涉及自秦至五代各王朝的历史人物和历史事件。而作为史学家、思想家、哲学家的王夫之，思想博大精深，思辨能力极强，毛泽东曾把王夫之同西方的大哲学家黑格尔相提并论。要对其作品进行准确解读，并不是件容易的事。这也是市面上迄今没有《读通鉴论》今注今译本的原因所在。考虑到这部书的重要地位，我们约请作者对这部书做了注译，并在经过精心编辑后隆重推出。现从编辑角度，从以下几个方面对该书的成书做一记录。

（一）作者对底本的细致勘误

我们的注译本基本以中华书局1975年所出点校本为底本，另参考岳麓书社1996年出版的《船山全书》第十册中的《读通鉴论》，吸收其部分校勘成果。但中华书局的整理本和岳麓书社《船山全书》本都不可避免地存在一些错误，在做注译工作的同时，我们的作者也注意对底本（中华书局点校本）做勘误工作。主要是以下几个方面：

一、原文中的形近错讹字，尤以年号、地名、姓名居多。如卷七“安帝一五”条：“建元中，守相坐赃，禁锢二世。刘恺以谓‘恶恶止其身，春秋之义，请除其禁’，持平之论也。”东汉并无“建元”年号，汉安帝倒是有年号为“建光”。据《资治通鉴》卷五十“建光元年”条目下的记载：“甲子，以前司徒刘恺为太尉。初，清河相叔孙光坐臧抵罪，遂增禁锢二世。至是，居延都尉范邠复犯臧罪，朝廷欲依光比；刘恺独以为：‘《春秋》之义，善善及子孙，恶恶止其身，所以进人于善也。如今使臧吏禁锢子孙，以轻从重，惧及善人，非先王详刑之意也。’”可知此“建元”确为“建光”之误。“光”与“元”字形相近，或为传写、刊刻之误。

又如卷三十“五代下六”条有“高行周拒之于澶洲”之语，此处“澶洲”当为“澶州”。澶州即今河南濮阳，一名澶渊，此处或许是杂糅“渊”“州”二字而误为“洲”字。

卷七“安帝一”条：“殇帝夭，庆子祐终嗣天位。”庆子祐，指刘庆之子、汉安帝刘祜。“祐”当为“祜”，《后汉书》《后汉纪》皆载安帝名“祜”，此处显系王夫之笔误或传写、刊印致误。

二、王夫之因记忆疏失而导致的用典错误。如卷四“宣帝一三”条云：“举四海耕三余九之积，用之一隅，民虽劳，亦不得不劳。”语本《礼记·王制》：“三年耕必有一年之食，九年耕必有三年之食，以三十年之通，虽有凶旱水溢，民无菜色。”此处“耕三余九”显为“耕九余三”之误。

又如卷二十八“五代上一二”条：“中行衍说匈奴不贵汉之缯帛……然其以贻毒中国者，不如中行衍之强匈奴即以安汉也。”此二处“中行衍”应为“中行说”。据《刘向·新序》，中行衍乃先秦时期传说中的人物，与匈奴并无关联；而中行说，据《史记·匈奴列传》，系西汉文帝、景帝时人，原为宫廷宦官，后来因汉文帝强迫中行说陪送公主到匈奴和亲，对汉王朝怀恨在心，转而投靠匈奴，成为老上单于、军臣单于的谋主。结合文意，王夫之这里本意显然是指“中行说”而非“中行衍”。

三、因语意理解不当而导致的标点错误。如卷二“文帝十”条中有“文帝赦而徙之，与蔡叔、郭邻之罚等”一句，这是误以为“郭邻”是人名，实际上“郭邻”是地名，《尚书·蔡仲之命》云：“囚蔡叔于郭邻。”所以此处顿号应略去。

又如卷二十六“宣宗四”条：“伤哉斯言！所以惩李相、朱崖之祸，而叹宣宗之不可与有为也。”此处“李相、朱崖之祸”应为“李相朱崖之祸”。李相指李德裕。朱崖并非人名，而是地名，即今海南琼山，泛指海南。朱崖之祸，指李德裕被宣宗贬为崖州（今海南三亚）司户。

对于第一、第二类错误，作者的处理方式是保留原文原貌，在注释中予以改正和说明，以便读者理解。对于第三类的标点错误，则直接予以改正。

（二）以内容为依据处理版本差异问题

作者的注译工作，以中华书局1975年版点校本为底本，并参考了《船山全书》第十册中的《读通鉴论》。我们在编辑过程中参阅的是中华书局2013年修订本。这样，在审稿过程中，就出现了因为版本的择取出现的一些细微问题。对此，我们主要从表述的内容角度加以分析，进行择取。

如卷十五《明帝》第六条，有这样一段：

> 赵武灵王授位于子，而自称主父，废长立少，恐其不安于位也。拓拔弘授位于子，而自称太上皇帝，子幼而恐为人所篡夺也。宗爱弑两君，而濬几不立；乙浑专杀无君，弘几死其手；故弘年甫二十，急欲树宏于大位，以素统臣民，而已镇抚之。犹恐人心之贰也，故先逊位于子推，使群臣争之，而又阳怒以试之，故子推之弟子云力争以为子推辞，而陆馛、源贺、高允皆犯颜以谏而不避其怒。其怒也，乃其所深喜者也。

（1975 年版第 450 页）

下划线上文字的标点，2013 年本同 1975 年本有细微差别如下：

> 故弘年甫二十，急欲树宏于大位。以素统臣民，而已镇抚之，犹恐人心之贰也，故……（2013 年版第 463 页）

这段文字是说赵武灵王将君主之位传给其子，并自称为主父，他之前将身为太子的公子章废黜而立次子赵王何为太子，而他的传位之举则是因为担心以后不能稳固君位。北魏拓跋弘之所以传位于子而自称太上皇帝，是因为他担忧嗣子年幼，以防以后君位为别人所篡夺。就像宗爱曾接连弑杀太武帝拓跋焘、南安隐王拓跋余，而拓跋濬也差点无法安居君位。乙浑专杀且目无君主，拓跋弘也几近死于他手。因此，拓跋弘年刚二十，便急欲令拓跋宏即位。但他担心臣下怀有二心，所以他先将皇位传予拓跋子推，以此来挑起群臣的非议，随后才又佯装愤怒，并试着把皇位让给拓跋宏。因此，当时拓跋子推的弟弟拓跋子云极力为其兄争夺皇位并为拓跋子推申言，而陆馛、源贺、高允却不顾冒犯君主，极力劝谏拓跋弘立其子拓跋宏为皇帝。拓跋弘表面愤怒，而内心深处却不禁欢喜。

对“以素统臣民，而已镇抚之”，注译者按照 1975 年的标点，起初译为“平常之法统治臣民，而自己则坐阵抚治”。但我们审稿时分析 2013 年本，从其标点情况来看，其意当为“以向来统治臣民，而自己坐镇抚治，还担忧臣下怀有二心”。这句话的主语不明，但就标点情况来看当为孝文帝拓跋宏。因为后文的“己”很明显对应前文的“弘”即献文帝拓跋弘。而就句意来看，是拓跋弘要传位给儿子拓跋宏，“向来”显然讲不通。如果说主语指的是献文帝拓跋弘，则句意更加矛盾，而且事实上即使拓跋弘在位期间，北魏的实际掌权者也是冯太后，“素统臣民”显然也缺乏史实依据。

同注译者对这句话加以深入分析，我们发现实际上这里的关键点在一个字上——“素”。对于这个字，通常我们会按照它的常用意，理解为“平素、向来”之意，但这个字还有一个不常见的义项——“预先”。因为对这个义项的忽略，使得这句话产生歧义，难以理解。而中华书局1975年的点校本，“故弘年甫二十，急欲树宏于大位，以素统臣民，而已镇抚之。犹恐人心之贰也，故……”，依据这一义项来理解则较为合理，意思是“因此拓跋弘年刚二十，便急欲令拓跋宏即位，让他预先来统治臣民，而自己则坐阵抚治。如此，拓跋弘还担忧臣下怀有二心，因此……”这样句意上既讲得通，也符合史实。因此我们选择按1975年本的标点情况来进行注译。

又如卷《唐太宗》第一一条：1975年版的标点如下：

言治者而亟言权，非权也，上下相制以机械，互相操持而交雠其欺也。以仪、秦之狙诈，行帝王之大

法，乱奚得而弭，人心风俗奚得而不坏哉？（第600页）

而2013年版的标点情况是这样的：

> 言治者而亟言权，非权也，上下相制以机械，互相操持而交雠。其欺也，以仪、秦之狙诈，行帝王之大法，乱奚得而弭，人心风俗奚得而不坏哉？（第616页）

这段话的意思，按1975年本的标点，是说谈到治理国家，总有人热衷谈论权术，实际上这并非权术，而是君臣上下以机巧诡诈相互制约，各怀鬼胎而相互欺骗。以张仪、苏秦的诡诈之术，来实行帝王的大法，混乱怎么可能被消弭，人心和风俗怎么可能不败坏呢？但如果按照2013年的版本，以“其欺也”作为下句开端，一方面下句中的主语不得不中途变换，语句不顺畅；另一方面“交雠”并非“交酬”，这里的“雠”字，是“兜售，实现”的意思，后面显然要跟宾语“其欺”，而以“其欺也”作为下句句首则导致“雠”没有了宾语。不论是从语意还是语法方面，1975年版的标点都优于2013年版，因此我们也选择按前者来处理。

（三）借鉴其他版本的优长，方便读者阅读

在书稿的编辑加工过程中，我们注意到岳麓书社《船山全书》（2011年修订本）第十册中的《读通鉴论》，将每一帝王之下各论另标题目。其说明是依据清末湖南经元书局、大文书局、澹雅书局诸刻本中曾存在的一共同细目，

加以校订补充而成。

我们的注译本依据的底本是中华书局点校本。该本以帝王为次第，其下各篇仅以序号来加以分隔。该本所依据的为清代的金陵刻本。点校者舒士彦先生的《校点例言》中说王夫之的两种史论著作，“成于最晚之岁，盖读史有感，随事触发，初无意于为文，故每篇下皆不立题目”。金陵刻本刻印于同治初，其中的两种史论因“诵习者众，流传颇广”，故而“坊间多有翻刻，石印排印，不一而足，要皆自金陵刻本出”。则金陵本的整理者及中华书局本的点校者并不认为王夫之曾拟有此细目，其可能是后人整理遗著时所加。考虑到该书的普及性质，我们认为岳麓书社修订版的细目很好地概括了文意，更便利读者阅读检索及理解。因此我们与注译者做了沟通，决定借鉴、采纳这一修订补充过的细目。本着不掠人之美的原则，在前言中也对此加以了说明。

对于细目内容与文中内容不完全吻合处，我们以注释的形式加以说明。比如卷十九，一〇条《温大雅复李密殪商辛执子婴书》，内容里没有提到温大雅，就与注译者商量加以注释说明：“按：本节标题‘温大雅复李密殪商辛执子婴书’，似当作‘李渊复李密殪商辛执子婴书’更合文意。温大雅是李渊之记室参军，秉李渊之意图回复李密之书，不过代笔而已，故正文中王夫之亦不曾提及温大雅。”这样不会让读者感到文不对题，莫名其妙。

古籍译注图书的编辑出版，是一项细致而繁琐的工作。首先，它属于古籍整理范畴，需要作者的深厚学养和功力。失之毫厘，谬以千里，一个标点符号的差异都可能导致意思的截然不同。注译工作要择取并依据一种底本，但并不仅仅是完全迷信、拘泥于该底本，对底本的校勘辨误仍是其中的重要工作。其次，因为这是面向大众的图书，除了内容上的准确，形式上要利于阅读需求。这不仅需要编辑工作态度的认真细致，还需要视野开阔，既能够善于发现书稿中的问题，又能善于借鉴吸取他山之石的优长，这样才能提供给读者注译精当、雅俗共赏的作品。总之，一部高质量的古籍译注图书，需要作者和编辑的勠力投入，用心打造。

（原载2020年9月25日《图书馆报》，作者系中华书局基础图书出版中心编辑）

三十七年磨一剑，终成完秩

——《日本帝国主义侵华档案资料选编》编后记

欧阳红

《日本帝国主义侵华档案资料选编》终于赶在纪念中国人民抗日战争和世界反法西斯战争胜利 75 周年前夕出版了。这是一部系统公布日本帝国主义侵华的档案资料集，共 20 卷，1200 余万字。这部书从立项到全部出齐，历时 37 年，期间经历种种艰难曲折，作为完成后期编辑工作的亲历者，拿到沉甸甸的样书，欣喜之余又不无感慨。

我回想了近年掌握的信息，又将八大函书稿档案，重新翻捡一过，摘其要点，梳理出一个出版大事纪要：

1983 年 6 月，中央档案馆报请中央书记处有关领导批准。

1984 年 7 月，本书开始编纂。

1988 年—1989 年，《九一八事变》《细菌战与毒气战》《东北历次大惨案》出版。

1990年4月12日，日本《读卖新闻》对《细菌战与毒气战》卷作专门报道。

1990年6月，召开《日本帝国主义侵华档案资料选编》出版座谈会。

1991年，本项目作为重点项目，列入国家“八五”计划。

1991—1992年，《细菌战与毒气战》日文版（分三册）由日本东京同文馆翻译出版。

1991年—1995年，《东北经济掠夺》《伪满宪警统治》《伪满傀儡政权》《华北历次大惨案》《南京大屠杀》《日汪的清乡》《河北大作与日军山西“残留”》出版。

1995年，本书被中宣部列入“纪念反法西斯战争和抗日战争胜利50周年”重点出版图书。

1997年—2004年，《华北治安强化运动》《华北大“扫荡”》《华北事变》《华北经济掠夺》《汪伪政权》出版。

2020年，全20卷一次性整体出版（含此前未出4卷《华中经济掠夺》《日军在南方的暴行》《日军对抗战后方的轰炸》《中国抗战损失》）。

知道这部书，是到中华书局三年后的2004年，那时我在历史哲学编辑室，有一天收到一个“来历不明”的包裹，收件人的地方赫然写着“中华书局汪伪政权”。当时我真是惊到了！惊疑之际，同事李建军说是他的校样来了。“汪伪政权”，是个书名！这事给我留下很深印象。

大约在 2005 年，原近代史编辑室主任陈铮先生（当时已退休）跟我讲起一些未完的项目，重点提到《日本帝国主义侵华档案资料》，嘱我“要是有机会，要想办法给出全了”。再后来，常接到读者电询，问这部书一共出了几卷，什么时候出齐，到哪儿能买全之类的问题。时间迁延多年，编纂与出版双方几经人事变动，不见有新书继续出版。一拖经年，新来的同事，很少人知道它了。

2012 年秋近代史编辑部恢复建制，一些未扫尾的书提上日程，不久之后我向书局领导汇报，拟于抗战纪念 70 周年时将前 16 卷扫描重印。2015 年 3 月 16 日，编辑部收到解学诗先生从长春邮寄来的包裹，内含《华中经济掠夺》手写稿一卷，一份他致中央档案馆李明华馆长信函的复印件，提出："此次出版，要 20 卷一次出齐，以后没有机会，也没有财力印制两遍。”我当即书面报告书局领导，请示下一步工作如何进行。翌年 3 月底，中央档案馆常建宏先生送来《日军在南方的暴行》《日军对抗战后方的轰炸》《中国抗战损失》3 卷的电子盘。至此，《日本帝国主义侵华档案资料选编》未出的 4 卷，全部交稿。此时，距第一卷《九一八事变》出版，已经过了 28 年。

前 16 卷，1000 万字，如简单复制省时省事又省力，但上世纪的书，均铅排而成，以书写纸印刷，扫描后效果颇不理想。遇到漫漶不清的页面，修图、补植文字等，极费功夫。于是中途放弃扫描改为录排。2017 年 8 月 10 日，编辑部再次书面报告书局领导：前 16 卷重排重校，投入太大，且“产生不了预期的效益”，希望帮着想点办法。重排带来的另一个问题，书稿须重新校对与通读，工作量增加了很多。所幸编校部主任李晓霞，在案头书稿堆积如山的情况下，爽快接下任务，及时安排人力，完成两遍校对。16 卷的通读及处理校样工作，则由自己承担。新交稿的 4 卷，最先由我和张荣国、潘鸣、李闻辛完成初审，后因工作调整，改由我和吴冰清、杜艳茹、刘冬雪各司 1 卷。四人成立项目组，集体协作。我作为项目负责人，负责重订全书编辑体例，落实改版后的开本与装帧等。

期间，2015 年、2017 年编辑部曾两次申请集团文化专项资助，未果。继而 2019 年又申请国家出版基金支持，结果同样是“落榜”。一边是资金始终没有着落，而另一边，日月如梭，流光易逝，解学诗先生不时来电催促，交稿时他在函中说：“我已 88 岁！”之后他来电，就说：“我今年 89 了！”“我今年 90 了！”再后来，接到他的电话就很胆怯，不知如何回答，只能发狠保证：“我们一定抓紧！”1200 万字的书稿既要赶进度，又担心会造成亏损。前人筚路蓝缕，1983 年立项，1988 年出版第一卷，至 2004 年共出了 16 卷。一部书凝结数十人的心血，真是不能再拖了。那时真的是忧心如焚。90 年代初，该书在国内外反响很大，日本学者给予很高评价，说是“填补了中日战争史的空白”，“具有划时期意义”；“对从日本国内的教科书问题，直至日中关系史，进行重新评价”（日本《读卖新闻》1990 年 4 月 12 日）。

2019 年初，集团文化专项资助项目在书局内部调整，时任总编辑顾青得知该项目编校工作尚且顺利，便将编辑部内部另一项目的资助转来。虽仅区区 10 万元，与投入相较也是相形见绌，但总好过没有。年中时返给中央档案馆的 4 卷校样，就催得更勤了。今年 4 月，常建宏先生寄回最后 2 卷校样，随后拉着一大车书稿送去质检，心定下来，更多是欣喜和感恩。

记得去年“七一”时，书局组织党员到“九一八纪念馆”参观学习，同行的有退休校对张晋波老师，她说：“好多年前，一套日本侵华资料的稿子（指《九一八事变》《细菌战与毒气战》《东北历次大惨案》等），就是我们给校对的，心里很难受。”又问我这书出完没，我告她“明年此时准能出齐”。来局后也听过这故事，当年的校对，一边校稿一边哭。去年 5 月，刘冬雪编辑从半途接下《日军在南方的暴行》校样，满脸愁容：“欧阳老师，我需要通读吗？”我说：“你不读怎么编辑加工啊！”年轻编辑初来乍到，就拿到这样的稿子，心情可想而知。本书选取的档案，有大量幸存者的控诉，有战犯供述，也有战后各种数字统计等。日军在中国各地制造屠杀惨案、细菌战、强征劳工，以及对后方的大轰炸等滔天罪行，罄竹难书，读了直让人抑郁难平。然而我们的前辈辟除榛莽，钩沉史海，力求精当，为世人呈现出这样一部书，文献价值和现实意义自不必说。他们为民族为正义发声，又是怎样的担当和勇气？真是可敬可佩！

今年 5 月初，北大臧运祜教授发来微信，询问这部书的进展情况，我如实告以“暑期将会上市”。他大赞说“有眼光”，并发来点赞的大拇指。其实，我们这代人现在所做的，不过完成前辈们未竟之事，不能居功，更不敢居功。他们，才是应该被记住的。书发印时，面对这样一部分量的书，我建议改之前的涂塑纸封面为布面精装，并给发印单审批链上的领导发去长长的留言，介绍项目成本情况和成书的过程。接下来很顺利，印单生效，样书送检。乍见一大箱绕着墨香的新书，欣喜异常。书局的官微发出书讯后，打电话给陈铮先生和常建宏先生，告诉他们快四十年的项目，已完美收官。

7 月 12 日，新华社刊发了本书出版的资讯，如此评价：“丛书资料来源珍贵，权威可信，多侧面、全方位、系统性展现了日本帝国主义侵略对中华民族造成的巨大损失和伤害。丛书出版，对于还原历史真相，推进抗日战争史和中日关系史研究，加强国民爱国主义教育等，具有重要现实意义。”一部书的内容，赋予其自身的价值。近年来，我国提出“十四年抗战”的概念，该书编纂权威，史料丰赡，首卷即为《九一八事变》，最后一卷为《中国抗战损失》，是“十四年抗战”概念最有力的史料证据和支撑。可见前人眼光独到。我因此也坚信，它经得起大浪淘沙的考验。

一部大书背后，编纂方爬梳、整理档案之烦难与辛苦，出版方编辑审稿加工及各种幕后工作，实难行诸笔端。提笔写下本文之前，我请吴冰清编辑做一个本书编者和编辑的名录，自1983年立项至今日之整体出版，据不完全统计，参与者不下六七十人。编纂方在书上署名的，总编审、主编、副主编、编辑、本卷编者，三十余人；各卷书前《编辑说明》中提到的人名，更不在少。中央档案馆一方，前期工作由王明哲馆长主抓，刘美玲、解学诗等诸位先生负责具体编纂事宜。据陈铮先生忆述，因本书编纂需要，常务副主编解学诗先生借调来京，常住中央档案馆的招待所。今年他已93岁了。近年，中央档案馆负责和我联络的是常建宏先生。美编设计扉页前，我发微信问常先生：“署名的编者中，已故的老先生，其姓名是否要加方框以区别？”他说：“不少人我都不知道。”

书局起初由总编辑李侃亲自挂帅，组织出版并参与宣传推介，后续工作由近代史编辑室主任陈铮先生主抓（参见王明哲1990年6月28日在《日本帝国主义侵华档案资料选编》出版宣传座谈会上的讲话提纲；李侃、解学诗、吴广义《〈日本帝国主义侵华档案资料选编〉评介》，《近代史研究》1991年第4期）。书局的编辑队伍，从已故总编辑李侃算起，有年近百岁的刘德麟先生，至耄耋之年的陈铮先生，再到参与前16卷的编辑吴广义、于世明、陈东林、沈致金、李占领、李建军，新4卷参与审读的张荣国、潘鸣、李闻辛，以及吴冰清、杜艳茹、刘冬雪，共16人。其他幕后英雄，或参与书稿校对，或宣传推广，不下十数人。

37年，对于一部书来讲，不算短。这期间，有多少艰难辛苦与感人故事，后人非亲历其事必不知其难，只有通过书稿档案略窥一二。一部书的出版历程，波折再三，历时之长，在书局亦不鲜见。读完八大函书稿档案，掩卷长思，五六代中华人，始终坚持，薪火相传，这或许也是她历经百十年余愈加焕发生机之秘密所在吧。

（原载2020年9月9日《中华读书报》，作者系中华书局近代史编辑部编辑）

来自远古的智慧“碎片”

——《黄明哲正解〈道德经〉》编辑手记

陈　虎

在时代进入21世纪20年代的今天，科技已前所未有地高度发达，知识更是空前大爆炸，然而来自2500多年前的一本五千言犹如语言碎片编组而成的小册子——《道德经》，却实实在在地成了所谓信息时代的“显学”。无论显达者、富有者，还是落拓者、贫瘠者，均趋之若鹜、言之凿凿，似乎这小书成了社会各阶层人等精神慰藉的温柔之乡。这事的本身，既具有讽刺意味，也足以让人咋舌！

这书的作者是谁？他为何要写这么一本小书呢？正如唐代著名诗人白居易的旷世一问：“言者不如知者默，此语吾闻于老君。若道老君是知者，缘何自著五千文？”（《读老子》）

书和人，在2500多年的质疑声中，安然地走进了21世纪的20年代，又安然地成为了当下的“显学”。在我看来，

《道德经》的作者老聃李耳，是一位照亮了人类历史星空的哲学大师，是大思想家，但更像是一位和蔼可亲的智慧老人。因为他不仅阅尽沧桑、睿智深思、洞察一切、掌握玄机，特别是他对人们的谆谆教诲，又分明是一位须发皆白的祖父对待儿孙辈们的慈祥的口吻。

老子的一生非常传奇，对后世影响最大的有两件事：一是孔子向他问礼，一是飘然出关而不知所终。儒家的创始人孔子入周向老子问礼，这事经2000多年的不停论辩，已成定谳。但老聃放着安逸的周朝国家图书馆馆长不做，为何要颠沛流离地出关（函谷关）西行找罪受呢？我相信，无论科技发达到什么程度、社会进化到何种地步，只要人类文明的历程还在继续，那么围绕着老聃李耳和其著作的一系列问题还将继续争论下去。既然如此，我们就暂且放下这些争论，只从中汲取我们急需的营养成分吧！

事实上，在每一个人那里，随着年龄的增长，老子的形象和其著作，也是不断变化着的。而立之年以前，你会认为老子虽然很有思想和文采，但他说的那些个大道理似乎很遥远，老子似乎像是一个孤傲、刁钻，时而故弄玄虚的老头。进入不惑之年以后，你想象中的老子变成了一位智者——他洞察自然规律和社会变化，他说的话字字珠玑，既可以明哲保身、趋吉避凶、后发制人，还可以以柔胜刚，进而达到“无为而无不为”的人生最佳境界。到了知天命之年，你会幡然憬悟到老子的崇高和伟大——犹如大慈大悲的观世音菩萨的化身，尽善尽美。他大声疾呼，人类要恪守天道和人道，完全是为了要实现人与自然的和谐、人与人的和谐、人自身的和谐，让人类永远生活在宁静安康之中，让每个人都能颐养天年。他不但是智者，更是大慈大悲的。耳顺之年的你，会感觉到老子的每句话都说到了你的心坎里！与古为友，融入那千年的唐风宋雨，看花开花落，送孤雁南飞，观云卷云舒。于雷鼓雨吟……物物声声、渺远缤纷中领略来自千古的空谷传响，咀嚼《道德经》中的玄远微义。

世谓《道德经》为“内圣外王”之学，它分上下两篇，原文上篇《德经》、下篇《道经》，不分章，后改为《道经》37章在前，第38章之后为《德经》，共分为81章。文本依据天道和人道的共同运行规律，以哲学意义的“道德”为纲宗，以政治为旨归，论述了修身、治国、用兵、养生之道，为人们指出了一条事业成功、趋吉避凶、永葆安康的幸福之路。

具体来说，《道经》是思维方式层面的，主题是悟道，人道向天道学习。再具体说，就是人类体悟大自然的长生之道，从而推演出无为而治、可持续发展的社会治理思路。《德经》是实践层面的，主题是修德。再具体说，就是修为自我，找到立足点，确立得道多助的运作方式，不断扩大事业的平台。由修德展开来，又衍生出很多主题，如虚怀若谷、知雄守雌、吉凶祸福、进退取舍，涉及战略策略、机智权谋方方面面，这些都是古今中外相通的大问题，几乎每个人都能找到对自己有启发的问题域。

由于《道德经》涵盖哲学、伦理学、政治学、军事学等诸多学科，因而对中国此后的哲学、科学、政治、宗教等均产生了深远的影响，集中体现了古代中国人的一种世界观和人生观，所以被后人尊奉为治国、齐家、修身、为学的宝典，被先辈圣贤誉为万经之王，先秦诸子、中国人的文化思想等无不受老子的影响。据不完全统计，先秦以来，研老、注老著作至元朝时，就超过 3000 余种。道家自身的发展，也大致分出三大源流：

第一是思想的道家。这一系关注天道、治世与修真，并不过多地谈论鬼神。老子说“其鬼不神”，他和孔子都不排除鬼神的存在，但都不主张社会治理乞灵于鬼神。不但如此，老子还倒过来把鬼神作为一种社会现象来观察，以此推断社会治理的情况。比如说,大家都去求神拜佛了，那就警示社会太不公平了，需要决策层及时调整。老子的思想，主要关注社会治理层面，希望天下大治；庄子的思想，则放弃了对当时统治者的期待，退而修身，回归审美层面，享受逍遥的人生。社会治理考虑的是可持续发展，审美则考虑的是个人内心的境界，要活得通达而有趣。但从道家思维方式来看，老子说的“无为而无不为”，与庄子讲的“与天地精神相往来”，都是一脉相承的大境界。

第二是修真的道家。他们追求的目标，是长生不老、飞升成仙。修真道家大约以唐代为界，唐以前盛行外丹，以烧炼仙丹服用飞升为号召；至宋，则以内丹炼气养生为主流，强调转化人自身的精气神，最终脱落肉身、精神长存。这些在今人看来或觉玄虚，但在古人来说，却都是认认真真、付出代价的亲身试验。其中，也确实发现了很多养生延寿、身心调整的宝贵经验。自古仙、医不分家，中医方子常称仙方，中医做出来的成药，经常称为仙丹、神丹。因此，很多时候，仙家摇身一变，就可以成为医家。只是医家要广泛治病，成为一个行业，其思路就逐步客观化，必须放弃那些太过于玄虚的内容。

中国本土宗教道教，是古代鬼神崇拜、道家思想、神仙方术三者结合并演化而成的宗教，自来与儒教、佛教并立。道教保存了古代科学、哲学、术法、兵法、巫术、堪舆、武术、医术、礼仪、音乐等各种原生态文化，其内容博大精深，可以说是中华文化遗产的集大成者。

第三是黄老道家。这一派可以称为经世致用的道家，它主要发源地是稷下学宫，稷下学派宗奉道家，同时兼容并包百家争鸣式的思想研究。荀子、孟子，以及法家的不少学者都与黄老道家有深刻的联系，荀子本人更曾经担任学宫之长。黄老道家是最早而系统的社会组织学，讲究精兵简政，放任自流，搞活社会经济与社会生活，某些做法发扬了老子的思想，某些思想则曲解了老子的本意。其学说大盛于西汉初期，在唐代和宋代也有很大的影响。实际上，中国古代兴旺的朝代，都能看到黄老道家的影响。

但是，说《道德经》是帝王之学，也不完全对。老子阐明道尊德贵，是为了解放人，在乱世之中，把思想的种子播到民间，让大家各求造化。而帝王之学的目的，则是要控制人，执天下神器，夺天下造化于一家。因此，老子的学说，与其说是帝王学，倒不如说是批判的帝王学，是对西周王朝社会治理思想的一次集中反思。

然而，老子又不否认帝王学的合理成分，他本人是国家档案馆和图书馆馆长，完全了解统治内情，故而他对帝王学的总结高度凝练，批判则一针见血。无论是王道还是霸道，个体社会化、社会组织化都是必不可免的，都要牵扯到对人的约束以及人与人关系的调整。老子是统治阶级的内部人，对此了然于胸，根本不可能主张自然主义，奢谈理想主义。那种以为道家是清高避世的，大多是想给自己的怠惰找理由罢了。至于说老子崇拜母性、有母系社会情结等等，更属于无稽之谈。

面对如此言简义丰、包罗万象的著述，现代人如何面对，应从中汲取什么营养以培育自己的人生？《黄明哲正解〈道德经〉》的面世，就为人们的拣择提供了简捷的门径。黄先生认为《道德经》的视角是天道的，用西方的话来说，就是上帝视角。它既不是从个人的情感道德视角出发，也不单纯服从某个组织的利益，它讲的是在所有大大小小的组织系统背后，其实有一个共生共进的社会生态。个人与组织之间、小国跟大国之间、天下与自然之间，都可以建构一种合理的生态关系。天道的主流，并非弱肉强食、零和博弈。通过恰当的社会治理，健康的生态关系是可以追求的，各种社会群体共赢共生的局面，是有可能达到的。进一步讲，只有在社会生态健康繁荣的基础上，好人才能得好报；只有在一个良性的社会生态下，才会有良性的社会道德。

同时，黄先生认为《道德经》传播广泛而久远的一个重要原因，是其经文排列的碎片化。今天流行微信、微博，大家都说是一个知识信息碎片化传播的时代，而《道德经》似乎早就做好了准备。《道德经》五千言，几乎就是一个箴言集，每句话拿出来都是名言，像"上善若水""大器晚成""知其雄守其雌""无为而无不为""柔弱胜刚强""物壮则老""强梁者不得其死"，发人深省。这些知识在那个时代，只是传授给帝王家的王子们，因而表达上都是大实话，没有遮遮掩掩，也不进行道德催眠。大实话都不太动听，与社会流行的常识往往相反，"正言若反"。

这些言论都有导夫先路的引领意义。老子的思想无疑是超越时空的大言，是我们这个所谓"大物质时代"的大言"希声"，对此，著名学者任继愈先生曾指出："研究老子哲学，不能脱离中华大地，离不了中国的十三亿人民，也离不开全世界六十亿人民共存的现实世界。"沿着这一理路，让我们仔细领略黄明哲是如何正解《道德经》的吧！

《道德经》教导天人合一、道法自然的永续发展之道，在社会快速变迁的今天，具有深刻的启发意义。本书依作者在喜马拉雅讲述《道德经》的讲稿《黄明哲正解〈道德经〉》整理润色而成，全书力图贯通诸家观点，独创现代正解，深入研究道家思维方式，揭示中华文明5000年发展的底层代码，适合各企业、公司、组织的决策者，期望理顺理财思路的金融投资人士，创业途中或即将开始创业的人士，期望通过打拼在职场有所成就的人士和国学爱好者阅读。

（原载2020年1月16日“中华书局1912”微信公众号，作者系中华书局大众图书出版中心编辑）

君子以多识前言往行，以畜其德

——《濠上漫与：陈尚君读书随笔》编辑手记

郭时羽

五四青年节的前一天，陈尚君教授携《濠上漫与：陈尚君读书随笔》等书登陆中华书局直播平台，假期间总计逾万人收看，可见主讲者的魅力！而《濠上漫与：陈尚君读书随笔》于2019年8月出版，甫一面世便在上海书展举办了2场讲座，中央人民广播电台专门采访，随即又登上《中华读书报》月度好书榜、人文社科中文原创好书榜等榜单，《文汇报》《解放日报》等多家媒体做了推荐。作为此书的责任编辑，我深感与有荣焉。

陈尚君教授的学问，应已毋庸赘言。我本科就读于复旦大学中文系，当时就是尚君老师的学生，听过他的《中国文学史》等课程，转眼间，与陈老师相识已20年，但担任责编还是第一次，自然要全力以赴。拿到书稿的第一时间，我就沉浸其中，千言万语汇成两个字：好看！如果展开说，那就是满满的知识量、自如的文笔，以及文字中的温度。

很多人都知道陈尚君教授被赞为“唐朝户籍警”或者“唐朝神探”，传说中他“能把唐朝每一天都考清楚”。事实上，所谓“能把唐朝每一天都考清楚”描述的是一种能力，包括对文献的掌握，对史料爬梳整理、从中提取自己需要的信息的能力，以及甘于寂寞、耐心细心投入故纸堆中的毅力。有了这样的能力，可以研究唐朝，也可以研究宋朝或者任何一个时代、任何一个领域。陈老师主攻的自然是唐朝，但亦决不固步自封。《濠上漫与》书中所涉跨度极广。纵向来说，时间最早为北朝至隋代的传奇女性独孤三姐妹，渐及唐太宗、李林甫、高力士等唐代人物，降而及宋，探讨宋本之何以可贵，并关注《资治通鉴》之编纂等，再往下由清至民国，则辨析《四库全书》对文献之篡改外，评析诸多学界人物，兼及叶家花园、千唐志斋等名胜故事，最后则述亲身经历之事、所交之人，以及自己参与的若干学术工作，整个时间跨度达 1500 年之久。横向来说，则题材多样:有读古书而生发之感想，或做考订，或发议论，多有新见；有学界掌故，与前辈如朱东润、程千帆、傅璇琮诸先生的交往，又有对学生的提携爱护；有亲身治学经验，如何考证，如何从史料中披沙拣金，拨开迷雾得真知；有博览群书所得，如唐文治、张元济、熊希龄等近代名人生平功业，加上自己的理解和感触，使文字富有温度。

渊博是容易论证的，什么叫富有温度的文字呢？这里可以举一个例子。在讨论四库馆臣篡改唐代贯休诗作的《清必万年清》一文中，陈老师非但以敏锐的眼光发现这一句诗的问题，进行细致的考证，还想象了四库馆臣看到这一句时的场景：

> “明必万年明。”在贯休，只是夸美本朝皇上圣明，江山万年，但在明清易代以后，性质就变了：前明若万年，我大清放什么地方？相信当年馆臣读诗至此，肯定惊出一身冷汗。如果是一个人，或下意识地摸一下脖颈，犹豫三秒，当即决定改。如果众人在场，则或沉默一阵，有长者言：“必为抄误无疑，唯我大清万年，宜加改正。”

描绘得活灵活现，令人忍不住会心一笑。也许有人会说：你莫非穿越回四库馆中，看到他们在讨论不成？正如《史记》中描写前人夜半私语，有人质疑司马迁如何能得知。实则情景设想建立在对当时政治生态和人物心理的了解之上，既是理之所必然，又何须亲见？和陈老师打电话或见面，他经常会兴高采烈地说：“郭时羽我告诉你，我又写了一篇很好的文章！解决了一个很重要的问题！”那种蓬勃的活力，简直难以相信他是1952年生人、已经60多岁了。可以想象，他在写下关于四库馆臣和贯休这段文字、还本溯源时，心情一定也是很飞扬的。

当然，作为编辑，如果仅仅满足于享受作者精彩的文字和高人气带来的影响力，那未免太过于偷懒了。再好的书稿，交来时也只是一个 WORD 文件，如何将它用适当的形式呈现在读者面前，就需要编辑发挥自己的专业能力和主观能动性，要做到锦上添花，打造一本真正的好书，而不能敷衍了事，甚至反而给书稿减分。

以《濠上漫与：陈尚君读书随笔》而言，“濠上漫与”原是陈老师在《文汇读书周报》连载的专栏，此次将 3 年所得汇总，加上在他处刊发的数篇，合计 52 篇结集。那么如何使即便看过专栏的读者，仍然感到值得买这本书呢？这是我在接手选题之初即着重考虑的问题：决不能把书做成专栏文章的简单复制粘贴。固然，有相当一部分读者作为陈老师的粉丝，哪怕看过了专栏，但毕竟一篇篇寻找不便，会希望有本书方便插架阅读。从这个角度来说，只要结集就可以了。但作为编辑，如果不能对书稿做出应有的打磨和提升，会觉得对不起这本书，对不起自己的工作和作者的信任。所以，在编辑过程中，尚君老师也着实被我“烦”得不轻。

首先是对文字的全面精细处理，包括所有引用文献的核校、知识点和行文表述等等，都再做了一遍精加工。陈老师文字之清通自如是众所周知的，但所谓“文章不厌百回改”，再细细地捋一遍，自然是百尺竿头，更进一步。在这个过程中，陈老师始终在百忙之中尽力配合我，从未有不耐烦，即便有我向他提出的疑问其实并不须改，也是好言相告，并不以我为冒失。这无疑是对我极大的鼓励。

其次是增加独家精彩图片。本书配了16幅彩图和若干随文图：比如陈老师有专文探讨他的老师朱东润先生的生平和学问，我们就配了朱先生的书法手迹、他和家人的珍贵合影。《想到程千帆先生》一文最后说到程先生送了他一副对联，我就磨着陈老师找出对联的照片，放在书前。《叶家花园的主人》开头写："我的研究室在复旦光华楼北边，每天推开窗户，能看到上海市肺科医院的全景，稍后森郁青蔚的一片，就是沪上著名私家园林叶家花园。……中式园林点缀西式建筑，占地闳敞，布局精致，施工讲究，处处显出主人的富有与品位。虽然已是近百年前所建，仍引人遐想主人之风神。"叶家花园的主人是近代上海传奇人物叶澄衷。为了让读者对这个上海著名花园获得直观的了解，我就跑去叶家花园，拍了风景照附在书中，虽然照相技术可能一般，但或可与文字呼应，更直观地传达陈老师在研究室俯瞰叶家花园的感受吧。另外，如陈老师写到千唐志斋，我向仇鹿鸣兄要来了他当年拍的照片；写到汲古阁影宋写本《极玄集》，便向国图的南江涛兄寻了一幅书影；写到"唐朝没有上海，但上海有唐诗"的船子和尚，又从上海图书馆寻来元刻本《船子和尚拨棹歌》的书影。凡此种种，相信多少都会让读者们在阅读此书时，获得更多的信息和愉悦感。

其三说起来可能虚一些，我认为是编辑要从心底里认可这本书稿，切切实实地明白其妙处，才能由衷地、自信地将这本书推荐给读者。即如我在看《濠上漫与》时，除了前述诸点之外，还有一个深切的感受，愿与大家分享：在本书的代序中，陈老师交待以“濠上”为名的缘由，除了众所周知的《庄子》典故外，还在于他出生于南通，南通旧城一水环绕，名曰濠河。这里“自清季以来，张謇之兴学重教，整体提升了南通的文化学术品位，而南通之偏安一隅，从无重大战事，更滋育了当地的文化气韵”，所以当陈老师回顾自己青少年时的成长，困惑于“仅有完整小学学历的我，在入大学一年后又破格录取研究生，且逐渐能在学术上有所业绩”，到底是为什么呢？而最终找到的答案是“陆续接触的小学教员、中学高才，乃至左邻右舍，家长里短，不自觉地将这些文化积累，春风化物般地传递给我”。当我读完全书时，不由自主地想起开头这段话，因为通过他书写唐文治、张元济等前贤事迹，写他如何受到朱东润先生教导，与陈允吉、陶敏、李时人等当代学者来往，那种对学术的真诚、与人交往的真率，也潜移默化地传递给读者。《周易》云：“君子以多识前言往行，以畜其德。”于陈尚君老师，于陈老师这本书，皆如是。

（原载2020年5月25日《藏书报》，作者系中华书局上海聚珍文化传媒有限公司编辑）

一只“荷包”的诞生

——《满大人的荷包:清代喀尔喀蒙古的衙门与商号》编辑手记

刘冬雪

2020年11月，台北“中研院”近代史研究所赖惠敏教授的著作《满大人的荷包：清代喀尔喀蒙古的衙门与商号》在中华书局出版。此前,《乾隆皇帝的荷包》一书赢得良好口碑，第二只“荷包”的“用料”、“纹样”及“绣工”，自然也有很多热心读者关注。

作为一名年轻的编辑，在职业生涯初期遇到像赖教授这样严谨而有趣的学者，操作像《满大人的荷包》这样立意高远的选题，我感到十分幸运。从谈合同到新书上市，历时一年零四个月。240余封往来邮件和100余条微信消息，为这只新“荷包”的面世奠定了基础。

回看与赖教授交流的文字，往事涌上心头。一本书从无到有，十分不易。作者的学术思考历经多年的沉淀化为几十万字的书稿，经过本人、科研助理和学生的通读，达到“齐、清、定”的交稿要求后由编辑接手，进入出版流程。“三审三校”的编辑加工环节完成后，封面设计、图书印制等程序接踵而至。此时距离上市销售还有一段时间，图书的宣传推广要赶快安排起来了。编著往来贯穿于整个出版流程中，沟通合同细节，确认配图版权，请作者处理审稿时的疑问、联系学者撰写封底推荐语、确认封面、约写书评、题写笺纸等，双方需要付出大量的时间和精力。

我与赖教授接触越多，越能感受到学者做研究的辛劳。《满大人的荷包》探讨喀尔喀蒙古地方财政，赖教授为了开展研究，先后赴北京、张家口、内蒙古以及蒙古国、俄罗斯等地查阅档案并实地考察，践行了历史学家傅斯年先生的名言：“上穷碧落下黄泉，动手动脚找东西。”

我在联系赖教授题写笺纸时，赖教授问我“八千里路云和月”和“踏花归去马蹄香”哪个好，我提议各写一半。我非常理解赖教授为何想到题写“八千里路云和月”，光三次内蒙古之行和三次蒙古国之行，里程便远远超过八千里了。至于“踏花归去马蹄香”，那是印刻在赖教授心中的蒙古草原的模样。盛夏时节，一望无垠的草原上花朵遍地，尤其是迷迭香，长势如野草，到处可见，随风而动，为草原添新绿的同时也带来一丝灵动感。一簇簇蓝紫色小花优雅地绽放，点缀着整片草原，使人们感受到，草原的气质变化无穷，既有动若脱兔的豪放自由，也有静若处子的温婉持重。

随着编辑加工的推进，我与赖教授的联系越来越多。特别是2020年七八月份时，针对书稿中的引文、数值、资料来源等问题，我们频繁地沟通。赖教授感慨道：“这一两礼拜我们成为患难与共的战友！”有时，我们之间发邮件也不仅仅是谈稿子，还会有所发散。

我印象比较深刻的是，赖教授传给我两张图片，我说我要对比一下，选用更清晰的那一张。我注意到，有一张图片的右上角写着“Kalgan”，这是“张家口”一词蒙语发音对应的罗马字母拼写。我曾经听一位老铁路人讲过，京张铁路的钢轨上刻着IPKR，即Imperial Peking Kalgan Railway（官办京张铁路），现在很多年轻的铁路人已经不知道K的含义了，因为这既不是汉语拼音，也不是韦氏拼音。

我提到很多知识都是相互贯通的，赖教授回应我说：“如果读历史没有联想，就很没趣。我常觉得读历史像侦探一样，什么事情都得追根究底，找出矛盾之处。每个人都可以有不同诠释，所以历史这个行业可以长久存在。”与赖教授之间的交流，让我很受启发。

经过漫长的一年零四个月，《满大人的荷包》终于上市销售了。编辑是一本书的第一位读者。制作“荷包”的幕后故事已讲完，让我再来谈谈“荷包”本身吧。读者可能比较关心以下两个问题：(1)这只“荷包”好看在哪里？(2)这只“荷包”适合谁佩戴？

清朝统治喀尔喀蒙古花费相当少的经费，却能有效地治理，得力于商人的协助。商人具备天时、地利、人和三方面的优势，通过本书可了解当时官商互动的真实情形。互动的过程有趣，值得进一步了解。此外，该研究有更宏大的关怀，那就是关注清朝是如何针对蒙古这一特殊地方与族群实施统治的。一言以蔽之，本书是从财政史角度切入的边疆治理研究，对现今仍有一定启示。

本书适合对财政史有较大兴趣和完全不感兴趣的人阅读。赖教授是清代财政史领域的权威学者，在学界具有较高的知名度。对财政史兴趣盎然的读者，一定可以从中汲取养分。对财政史完全提不起兴趣的读者，也比较适合阅读这本书。此话怎讲呢？对财政史不感兴趣的主要原因在于暂时没有发现它的魅力所在。假如从财政史入手，能够探知清朝国家与市场、商人之间剪不断、理还乱的关系，继而了解边贸商人助力大清王朝统治的内情呢？您有兴趣了解一下吗？希望您读完这本书能够感受到财政史的魅力，更期待您由衷地感叹一句：“哦，原来从财政史角度能分析出这么多问题来。就像作者说的，读历史像侦探一样，厉害了！”

（原载2020年12月30日“中华书局1912”微信公众号，作者系中华书局近代史编辑部编辑）

《诸子锦言录》：诸子名言大全，写作引用宝典

熊瑞敏

诸子著作是中华优秀传统文化的智慧结晶，在治国理政、为人处世、修身养性等诸多方面对我们都有启迪借鉴意义。不过，正所谓“诸子百家”，诸子著作那么多，有些篇幅还很大，也不是很好读，让人不知从何读起，不免有望洋兴叹之感。

为了帮助读者快速精准地学习把握诸子著作的思想精华，我们编写了一部汇集诸子名言的著作——《诸子锦言录》。顾名思义，“诸子”即以先秦汉魏诸子著作为代表的子学著作，“锦言”即体现诸子思想精华的佳言妙语。

诸子百家：《诸子锦言录》都选了哪些书？

其实，对诸子的精华加以选择汇编，并不是我们今天才有的做法，古人早就编过类似的书。据《隋书·经籍

志》等记载，南北朝时就有诸子杂钞类的著作，如梁代庾仲容《子钞》三十卷、沈约《子钞》十五卷、薛克构《子林》三十卷等。不过这些书久已失传，流传至今的有唐人马总所辑《意林》、清人李保泾所编《诸子文粹》等。

《诸子锦言录》延续了《意林》《诸子文粹》汇编诸子精华的传统，全书精装四册，收录先秦至隋代的诸子类著作近百种，对每种著作都有简要介绍，选文近八千条，是目前搜罗最为宏富的诸子名言汇编类著作。

由于本书收录的诸子类著作基本是隋代以前的著作，故大体依《隋书·经籍志》的分类和顺序排列，分为儒家、道家、法家、名家、墨家、纵横家、杂家、农家、小说家、兵家、医家、道教等十二类。其中，儒家类著作三十一种，占比最大，显示了儒家在中华优秀传统文化中的核心和主干地位；其他收录种数较多的依次为杂家类著作十八种、道家类著作十五种、法家类九种、兵家类七种、名家类六种，体现了中华优秀传统文化百家争鸣的文化格局。

一举四得：《诸子锦言录》有何特色？

那么，作为一部汇编诸子名言的著作，《诸子锦言录》有何特色呢？我们认为，《诸子锦言录》是一部“一举四得”之书。哪“四得”呢？且听小编一一道来。

第一“得”，《诸子锦言录》切合实用，用得上。近年来，全社会对中华优秀传统文化日益重视，人们学习中华优秀传统文化的热情日益高涨，诸子著作是人们学习传统文化的重要内容。但对很多非专业读者来说，很难挤出时间去一部一部通读诸子原著。本书汇编诸子著作中的名言警句，为广大读者学习诸子著作提供了一个方便法门，可以帮助读者快速精准地汲取诸子著作中的思想精华。尤其对于广大党政干部和学生群体来说，如果在讲话或文章中适当引用诸子中的名言警句，必然能够增色不少，本书汇编诸子名言，正好能够满足这种需要。因此，本书可以说是学习引用诸子著作的实用宝典。

第二“得”，《诸子锦言录》内容丰富，收得全。前面提到，本书收录先秦至隋代的诸子著作近百种，囊括儒、道、墨、法、名、纵横、杂家等“诸子百家”之学。其中既包括我们耳熟能详的诸子名家，例如《老子》《庄子》《孙子兵法》《管子》《荀子》《韩非子》《吕氏春秋》等，也收录了一些我们平时不太熟悉的诸子著作，例如《鬻子》《文子》《鹖冠子》《慎子》《尸子》《太玄》等；既包括传世的诸子著作，也包括一些新出土的诸子文献，如《孙膑兵法》《黄帝四经》等；既包括传世比较完整的诸子著作，也包括一些后世辑佚的诸子著作，如桓谭的《新论》、傅玄的《傅子》等。因此，本书可以说是一个展示诸子思想世界的万花筒。

第三“得”，《诸子锦言录》注译准确，看得懂。本书收录诸子著作近百种，选文近八千条，对每种著作，我们都简要介绍了作者及基本的文献情况、思想主旨等内容，以使读者对此著作有一个整体的了解；选文主要以中华书局出版的权威版本为底本，确保原文准确可靠，同时每一条选文均有相应的译文，必要时还有相关的注释，帮助读者理解原文含义。因此，本书可以说是读者通向诸子智慧的一座桥梁。

第四“得”，《诸子锦言录》检索方便，找得到。前面提到，本书收录了近八千条选文，多虽然有多的好处，但也有一个麻烦，就是当我们想找特定主题的选文时，翻找起来比较费劲。比如，民本是中国古代一个重要的思想概念,那么诸子对此都有何论述呢？要读者自己去书中翻找，显然是非常麻烦的。为了满足读者快速找到相应主题选文的需要,我们编制了《主题分类索引》附于全书之末。《主题分类索引》根据各条选文的内容主题，将其分为治国理政、处世、齐家、修身、哲理等八十余类，每条选文都列明原文，括注出处，标明册数、页码。读者通过《主题分类索引》，可以迅速找到自己需要的选文。因此，本书可以说是一幅检索诸子名言的导览图。

暗藏玄机：《诸子锦言录》的封面有啥秘密？

说完《诸子锦言录》的内容，我们还想说说本书的外表。本书全套四册，锁线精装，牢固耐翻。本书护封的设计雍容大气，意蕴深长。封面四周是从锦缎上截取的六幅图案，暗合书名中的“锦”字；而细看截取的锦缎图案，多有龙凤云纹，暗含凤毛麟角之意，表示我们收录的都是诸子中的精华内容。

本书里封的设计简洁典雅，蓝色的底色与文渊阁《四库全书》中子部书籍的蓝色封面一致，而蓝色也是天空的颜色，象征着诸子的思想天空，其中错落有致地排列着精选的诸子名言，如明星般闪耀着智慧的光芒。

《诸子锦言录》就是这样一部从内在到外表都充满智慧的宝典，你确定不来一套？

（原载2020年12月1日“中华书局1912”微信公众号，题为《学习引用诸子名言，买这书就够了》。作者系中华书局基础图书出版中心编辑）

书里书外

《金史》——元修三史中最善之作

马　婧

《金史》是元朝脱脱等修纂的官修纪传体金代史，记述了从女真族的兴起到金朝建立和灭亡百余年的历史。在元朝所修宋辽金三史中，《金史》历来被认为是修撰得最好的一部："首尾完密，条例整齐，约而不疏，赡而不芜，在三史之中独为最善。"(《四库全书总目·金史提要》)"金史叙事最详核，文笔亦极老洁，迥出宋、元二史之上。"(清赵翼《廿二史札记》)

如此评价《金史》，主要是看重它叙事有法、资料信实。《金史》之纂修，在当时的修史传统下，确实有其过人之处。首先，在脱脱定议下，解决了以何史为"正统"的争论。正统，指上应天命建立统一王朝，是历代封建王朝非常看重的政治合法性，非正统政权之史事，只能作为"载记"或"世家"，附属于正统政权之史下。例如元朝未修《西夏史》即因当时未将西夏认为是正统王朝。此前八十余年中，元朝史官始终为此争论，脱脱提出宋辽金“三国各与正统，各系其年号”，《金史》与《宋史》《辽史》得以各自成书，今天来看，也是顺应多民族国家发展历史潮流的需要。

其次，在载述女真族历代帝王事迹方面，设立“世纪”、“世纪补”，分别置于“本纪”前后，纲目分明。此前汉唐修史惯例是以实位帝王入本纪，《金史》为记载立国之前被追封为帝的先祖事迹，立“世纪”，反映了女真族建国前历史面貌；为记载金立国后被尊奉帝号的皇帝之父，立“世纪补”，容纳景宣皇帝、睿宗、显宗等，层次清晰。

再次，在前代修史立表传统上，新立“交聘表”，又附《金国语解》。当时金朝南、西北、东南分别为宋、夏、高丽，宋夏与金交聘，高丽向金称臣，使臣往来频繁，相互贺正旦、贺皇帝生辰、告登位、告哀、吊慰等，有定职也有临时派遣，种类繁多。《交聘表》列时间、宋、夏、高丽四栏，对时间、任务一一记载，是当时四国关系之晴雨表。《金国语解》以汉字注音的形式，保留女真语的基本词汇，有助了解金代女真社会生活。

而且，《金史》资料信实。金代立国不久就设立史馆，前后纂修十部实录，成为《金史》成书的依凭。部分金遗民如元好问、刘祁、王鹗等着力蒐辑史事汇纂成书，以及印刷术的发展，都为修史积累资料提供了便利。《金史》

纂修虽难免存在一定疏漏，仍被认为是上乘之作。

《金史》全书总计 135 卷篇幅，包括本纪 19 卷、志 39 卷、表 4 卷、列传 71 卷，另附《金国语解》1 卷，在短短两年内即完成，而且在“二十四史”中获得较高评价，是金代政治、经济、文化、社会风貌的集中反映。

《金史》面世后，与“二十四史”中其他各史共同构成中华民族官方正史系列，历代刻印不绝。流传至今者，有元至正本、明洪武本、明嘉靖南监本、明万历北监本、清乾隆殿本、清同光间江苏书局本、民国百衲本。然而这些都是刻本，无标点、分段，间有文字差讹，今人阅读呼唤更契合时代需要的通行整理本。因此在上世纪 50 年代，由郑振铎先生首倡，经毛泽东主席大力支持、周恩来总理亲自关怀，中华书局组织全国十余家单位二百多位专家，齐心协力开始了“二十四史”的点校工作。至 1978 年 5 月全部出版，历时二十年。而《金史》的点校出版，贯穿了前后两个阶段。在第一阶段，辽金元三史之整理，由中央民族大学翁独健先生牵头组织，《金史》点校具体工作由中央民族大学傅乐焕先生承担。第二阶段，由张政烺先生负责，崔文印先生承担编辑整理工作。

档案记载，1964 年傅先生曾向书局提交材料，详细分析说明了《金史》底本选择、前人成果吸收，以及本校、他校、标点等情况，乃至对《金史》中人名、地名、部族、职官等各种异称的使用情况总结和处理办法，这实际上是对1964年以前工作的总结。当时傅先生与全国各地其他负责校史的老先生，集中居住于北京翠微路2号院中华书局中，而不同于其他仍居家留原单位校史的在京专家。傅先生并且在这份材料中提出，完成135卷工作，总计需要500个工作日。遗憾的是，1966年5月22日，傅先生在陶然亭公园投湖自尽。

在1971年“二十四史”点校工作重启的第二阶段，傅先生的山东同乡兼北大同学张政烺先生接手了有关工作。张先生在古文字尤其是金甲文研究、版本目录学、历史学等多个学术领域都深有造诣，曾在1962年前后被文化部任命为中华书局副总编辑，却一天也没到岗，仍在中科院历史所从事科研工作。1971年，张先生与启功先生、白寿彝先生等其他先生一样，借调至书局王府井大街36号中华书局大灰楼集中工作。此后至1975年间，张先生与崔先生日日相对，完成了《金史》的点校。崔先生回忆张先生把他们的工作称为“贴胡子”和“拔胡子”。按当时工作惯例，崔先生把点校稿中有关标点校勘的疑问、所查资料、前人探讨，写在浮签纸条也就是“胡子”上，一本“胡子”经张先生以及二审、三审批阅，不能最后写入校记的需拔除。经过一千多个日日夜夜，点校本《金史》终于在1975年7月正式出版。

2007年，“二十四史”及《清史稿》修订工程全面启动。傅先生、张先生早已故去，修订工程聘请了吉林大学辽金史专家程妮娜先生，担任《金史》修订本的主持人。程先生长期研治辽金史，尤擅辽金政治制度史的研究，在她主持下，建立了十位先生参与的修订组，他们在宋辽金各专题史领域各有所长，是一个人员结构较为合理的科研团队。

此时距离点校本全部问世已近三十年，有关“二十四史”的不少公私藏本陆续公开，出土文献和实物时有发现，有关研究成果层出，古籍整理规范日渐严密，修订工程要求在点校本基础上全面复核有关版本，改不主一本择善而从的做法为底本式校勘，并吸收学界新成果。为此，中华书局制定了工作的总基本原则——程序保证质量，贯彻在底本选择、版本校勘、长编撰写、成果吸收、外审、编校各个方面。

底本选择和版本校勘方面，《金史》点校本以百衲本为底本，曾参校北监本、殿本，为便于普通读者阅读，对异文实际采用了择善而从、不出校记的方式。修订本仍以百衲本为底本，详细记载各本差异，在点校本基础上，又参校了南监本、江苏书局本以及永乐大典抄本，在版本使用上有很大提升。为汇集各种校勘考订成果并有序排列利用，修订稿交稿前采用长编制汇总材料，逐句列原书卷、页、文字、校勘点、前人成果、异文，并做出出校、改字与否的判断。修订稿交稿后，书局还会延请组外专家进行外审，并经过书局校对“校点校本”“校底本”的至少两轮校对，发现的异文再经编辑组、修订组确认。《金史》

全部卷次，进行了全覆盖外审，在数个校次的基础上，修订组、编辑组进行反复打磨确认，从2009年5月点校本《金史》修订方案评审通过，至2020年2月修订本正式出版，已经历十年时光。点校本原有2017条校记，本次修订删除120余条，修正不准确者数十条，新出校记近900条，并对标点、分段不妥处加以修订，纠正标点失误200多处。修订本还全面梳理、利用了点校本《金史》出版以来发表的诸多校读札记，体现了当代《金史》研究的最新成果。

（原载2020年8月6日《人民日报·海外版》，作者系中华书局古籍整理出版中心二十四史修订办公室编辑）

带上《五礼通考》，明明白白逛历代帝王庙博物馆

徐真真

近日，多家媒体发布了北京历代帝王庙博物馆于2020年12月23日再次向社会公众开放的消息。

历代帝王庙是明清时期专门祭祀古代帝王的皇家庙宇，始建于明代嘉靖年间，正殿祭祀上起三皇五帝、下至明末崇祯的188位帝王，东、西两个配殿从祀79位功臣名将。其独有的统一多民族帝王祭祀体系，彰显了中华民族政权更迭、主权延续的历史特点，见证了中华统绪一脉相承、源远流长的历史渊源，具有极其深厚的历史、文化和建筑价值。

那么，这种祭祀古代帝王的礼仪是从什么时候开始的呢？是怎样演变成历代帝王庙这种祭祀形式的？祭祀的仪式又是怎样的呢？这些问题，我们都可以从中华书局近日整理出版的清代礼学巨著《五礼通考》中得到答案。

《五礼通考》第九册“吉礼”,卷116有“祀先代帝王”一门。

关于祭祀古代帝王的礼仪，在《礼记》中就已经有了论述，本卷的第一个细目“经传古帝王祀典”的第一条引《礼记·祭法》，列举了神农、后土、帝喾、尧、舜、鲧、禹、黄帝、颛顼、契、冥、汤、文王、武王等。

本卷的第二个细目“历代古帝王祀典”则列出了从历史文献中查检出的从秦代至明代的祭祀古代帝王的记载，让我们对历代祭祀古代帝王仪礼的演变，有一个清晰的认识。

首先引《史记》中的这两条，记载了秦并六国之后建了周天子祠，以及秦始皇出巡途中祭祀了舜和大禹。

> 《史记·封禅书》:秦并天下，令祠官所常奉于湖，有周天子祠。〔《索隐》曰:《地理志》，湖县属京兆，有周天子祠二所在。〕
>
> 《始皇本纪》:三十七年十月癸丑，始皇出游。十一月，行至云梦，望祀虞舜于九疑山，上会稽祭大禹。

北京的历代帝王庙除了188位帝王之外，配殿中还有从祀的79位功臣名将。这种由功臣名将从祀的制度，始于隋朝。《隋书·礼仪志》中有这样一条记载：

> 禘祫之月，并以其日，使祀先代王公帝尧于平阳，以契配;帝舜于河东，咎繇配。夏禹于安邑，伯益配;

殷汤于汾阴，伊尹配；文王、武王于丰渭之郊，周公、召公配；汉高帝于长陵，萧何配。各以一太牢而无乐。配者飨于庙庭。

《五礼通考》编撰者按语指出："祀有配食，亦始于隋制也。"

为历代帝王立庙，则始于唐天宝年间。《文献通考》中收录天宝七载的一份诏书，令于京城内建三皇之前帝王及三皇、五帝的庙，大禹、商汤等帝王庙则建于其肇始之地。《五礼通考》编撰者按语说："此历代帝王立庙之始。"

那么，北京历代帝王庙这种为历代帝王建一个帝王庙来祭祀的形式是从什么时候开始的呢？《明史·礼志》中这条洪武六年的记载，给了我们答案：

洪武六年，帝以五帝、三王及汉、唐、宋创业之君，俱宜于京师立庙致祭，遂建历代帝王庙于钦天山之阳。仿太庙同堂异室之制，为正殿五室：中一室三皇，东一室五帝，西一室夏禹、商汤、周文王，又东一至周武王、汉光武、唐太宗，又西一室汉高祖、唐高祖、宋太祖、元世祖。每岁春秋仲月上旬甲日致祭。已而以周文王终守臣服，唐高祖由太宗得天下，遂寝其祀，增祀隋高祖。七年，令帝王庙皆塑衮冕坐像，惟伏羲、神农未有衣裳之制，不必加冕服。八月，帝躬祀于新庙。已而罢隋高祖之祀。

《五礼通考》编撰者按云："此京师总立帝王庙之始。"不过当时的京师是南京，所以还不是现在北京的这个历代帝王庙。

北京历代帝王庙的建立，则可以在《五礼通考》中收录的《明史·礼志》嘉靖九年、十年、十一年的记载中找到依据。嘉靖九年令在都城西建历代帝王庙，嘉靖十一年夏庙建成。这就是现在的这个北京历代帝王庙了。

此外，《五礼通考》中还收录了《唐开元礼》《明会典》《文献通考》及各代正史礼志中关于祭祀历代帝王仪式的详细记载，便于前后对比，从而发现历代祭祀仪式的演变。

中国古代有“五礼”的说法，祭祀属于五礼之中的吉礼（另外的四礼是嘉礼、宾礼、军礼、凶礼）。《五礼通考》堪称中国古代礼仪制度的百科全书，既是文史研究者进行研究的重要历史文献，也是广大古代文化爱好者、文学及影视创作者可以利用的性价比极高的参考文献。

（原载2020年12月26日“中华书局1912”微信公众号，作者系中华书局古籍整理出版中心哲学编辑室编辑）

五百万言殷勤语，为开般若智慧门：《中华大藏经·续编》又添新章

邹　旭

《中华大藏经（汉文部分）·续编》（以下简称《续编》），是继1982至2004年《中华大藏经（汉文部分）》（以下简称《正编》）的编撰之后，又一举全国佛教界之力的大型佛典编纂工程。《正编》所收经目，限于历代藏经中有千字文帙号编目的部分，《续编》则广收中外历代汉文大藏经中《正编》未及收录之篇目及散见新出文献，时代下至民国，所收篇目约2000余种、8000余卷，分列10部，预计全书规模将达300余册、1亿余字。

《续编》与《正编》在编纂体例上最大的区别在于，《正编》为影印本，《续编》则完全采用标点重排，从而在最大程度上为读者提供阅读的便利，其中大量文献尚未有过任何标点整理本。《正编》出版后不久，在任继愈先生主持下，由杜继文、张新鹰等佛教研究专家学者组成《中华

大藏经·续编》编委会，组织点校团队，邀请在佛教研究各个领域学有专长的学者分别整理相应经目，再由编委会审读统稿，保证整理质量。

《续编》自2018年开始正式出版，此前已有《印度典籍部》（4册）、《南传典籍部、藏传典籍部》（2册）面世，本次出版内容为《汉传注疏部》之第一辑共12册，收入阐释发扬般若类经义的汉地著作共144种。其中对每一部经典的注疏，又大体按照时代顺序排列，读者逐册翻阅，即可了解每部经典在历代的传承解说情况。

本书所收篇目，大体包含以下四类：

《大般若经》及其各种节译本注疏7种，包括吉藏《大品游意》《大品经义疏》、窥基《大般若波罗蜜多经般若理趣分述赞》、元晓《大慧度经宗要》、永隆《大般若经关法》等。其中，《大般若经关法》是解释《大般若经》中初分《难信解品》之作，为辅助阅读、记诵经文，其体例较为特别，将经文中句式基本相同而部分名相可替换之段落列出，称之为“关”，关中相同文字列为正文，可替换文字列为小字。同时，卷首或关下将五蕴、十二处等可替换文字单独列出，称之为“界”。《大般若经》行文中仅出现一次的文字，则直接列出，称为“正经”。关末再以小字注说明此“关”“界”与“正经”的具体组合诵读方式，即“通关法”。在整理本篇文献时，为忠实呈现底本对“关”“界”“正经”的处理，将相关文字录文整理后，又严格按照底本版式将其做成图片格式插入文中，并以校勘记标明每关例句中所对应的原始经文，尽可能清晰地呈现“关法”这一当代读者较为陌生的解经文体。

《金刚经》注疏 68 种，时代跨度由姚秦至民国，包括僧肇《金刚般若波罗蜜经注》、吉藏《金刚般若经义疏》、慧能《金刚经解义》《金刚经口诀》、憨山德清《金刚决疑》、蕅益智旭《金刚般若波罗蜜经破空论》《金刚般若波罗蜜经观心释》等历代高僧注疏，亦有曾凤仪《金刚般若波罗蜜经宗通》、俞樾《金刚般若波罗蜜经注》、江味农《金刚般若波罗蜜经讲义》等居士学者发挥心得之作。其中如江味农《讲义》以近五十万字篇幅说解本经，发挥般若要旨，又广引诸大乘经触类旁通，多有“尤具法眼，发前人所未发之处”，义理精深而言辞平易，可谓当代读者研习《金刚经》的一个便于上手的入门读本。

《仁王经》注疏 12 种，涵盖了对姚秦鸠摩罗什、唐不空前后两种译本的注疏。其中，吉藏《仁王般若经疏》，圆测《仁王经疏》，智顗说、灌顶记、道霈合《佛说仁王护国般若波罗蜜经疏》等所注为鸠摩罗什译本，良贲《仁王护国般若波罗蜜多经疏》、净源《注仁王护国般若经》等所注为不空译本。所收诸本较为全面的体现了历代高僧学者对本经的注疏成果，如清代道霈合本将罗什译经与智顗注疏相合，参校诸经订正错讹脱漏，图绘科分于前，引宋善月法师解疏之《神宝记》并下以己意随注文中，可谓解释《仁王经》的一部集大成之作。底本道霈注文标于页首，今改为以小字夹注相应段落后并冠以“解”字，冀使眉目清晰对照便利。

《般若波罗蜜多心经》注疏57种，包括慧净、圆测、智圆、续法等诸多高僧及李贽、钱谦益、林兆恩等文人学者的注疏，以及若干撰著者不详的敦煌写本。《心经》虽只有一卷几百字，但被认为是般若类之纲要，历代解说纷纭，各出心裁。如唐慧净《般若波罗蜜多心经疏》将本经分为“初入观门缘起分”“了蕴虚空度厄分”等十门，详加注释，并于每分注释结束后点明其要旨；宋智圆《般若心经疏》则将经文分为“经家据行标起”“菩萨利他正说”两部分；李贽《心经提纲》以短短几百字说解本经，并得出“人人皆菩萨而不自见也”之结论。另外，虽然窥基《般若心经幽赞》、法藏《般若心经略疏》等重要疏本因《正编》已收而不再重出，但本书中亦颇收录关于这些注本的后代复疏，如守千《般若心经幽赞崆峒记》、钱谦益《般若波罗蜜多心经略疏小钞》等，读者自可对照参看。

此外，《续编》之《汉传注疏部》的后续内容也正在紧张的编辑加工中，预计近期将出版以法华、华严类注疏为主的第二至第四辑，敬请期待。

（原载2020年5月22日“中华书局1912”微信公众号，作者系中华书局古籍整理出版中心哲学编辑室编辑）

都城风物——四个古都的记忆

胡　珂

中国古代的著名都城，经常有“天下之中”的美称。所谓“天下之中”，其实不必是地理上的中心，但一定是车马辐辏、熙熙攘攘的人群聚集的中心。西安、洛阳、开封、杭州，这四个城市曾是中国古代最繁华的都城，就像今天的伦敦、巴黎、北京、上海，是当时世界上最令人向往的地方。在那里，有过庄严的宫殿、静谧的寺院，舞榭歌台、珠帘绣户，深宅大院中，皇亲贵胄钟鸣鼎食，街巷闾里间，市井百姓引车卖浆……

都城是柔软的，像海绵一样吸纳着四面八方的人们和他们的希望。如果你在那里生活过，它将永远与你同在，即使有一天昔日繁华逝去，人们的回忆与眷恋也会被不断述说。西安、洛阳、开封、杭州，都有曾经生活在其中的古人为它们写下专属的城市故事，这就是《类编长安志》

《洛阳伽蓝记》《东京梦华录》《武林旧事》。

元朝人骆天骧，世代居住西安，他对这座历史上10余个王朝定都于此的城市充满了兴趣，一直留心记录身边的历史遗迹。骆天骧在70多岁时，编成了一部《类编长安志》，把西安这座城市曾经存在的宫殿、苑囿、馆阁、亭园、街市、寺观，从西周、汉唐一直讲到宋元。如果你今天来到西安，或许仍会去骆天骧笔下的大明宫、大雁塔、曲江池遗迹缅怀,西安城跨越千年的故事还将继续往下讲。

北朝的杨衒之，曾目睹过盛极一时的洛阳。北魏孝文帝拓跋宏，改革鲜卑旧俗，推行汉化，迁都至洛阳，使洛阳空前繁荣。当时皇亲贵族崇奉佛教，洛阳城内外寺院多达1000余所。时移世易，东魏时孝静帝迁都邺城，洛阳则宫室倾覆，寺观灰烬。杨衒之再次路过洛阳，追思往昔，在《洛阳伽蓝记》中对见证这座都城兴废的佛寺们如数家珍，讲述它们的缘起变迁、建制规模，勾连起这个城市里生活过的人，发生过的事。洛阳城经历战火后还剩下400余座寺庙，其中残存的有东汉永平七年汉明帝始建的白马寺，这座中国第一古刹，至今仍是洛阳香火最为鼎盛的佛寺。

两宋之际的孟元老，少时随父来到北宋的东京开封，他家在州西金梁桥西夹道的南边一住就是20多年。靖康之乱后，孟元老南渡杭州，凭着记忆写下《东京梦华录》，追忆开封城的巍峨宫墙、街巷闹市、茶坊酒楼、饮食起居、岁时民俗，在纸上、在梦中回到少年时生活的地方。孟元老笔下的开封城，记载的是北宋徽宗年间的情形，而画出《清明上河图》的张择端，正是此时供职于翰林画院，《东京梦华录》和《清明上河图》分别通过文字与绘画，让我们今天对北宋末年的开封有了极为亲切的感知。

南宋末年的周密是个世家子弟，也曾在都城临安也就是杭州做官，经历过朝歌暮嬉、酣玩岁月的时代，也见证了国破家亡的硝烟。南宋亡后，周密隐居在杭州，抱着遗民之痛，在《武林旧事》中细数南宋时代杭州的朝廷典礼、山川风俗、市肆经纪、四时节物，记录下那时城市风貌和市民的生活细节。很多细腻、琐碎而充满生活气息的描写，穿越时空，让现代的人们也可以毫无隔膜地体味。

《类编长安志》《洛阳伽蓝记》《东京梦华录》《武林旧事》，是古人为西安、洛阳、开封、杭州四座古都写下的城市记忆，我们将它们汇集在一起，名为《都城风物》。翻开《都城风物》，让生活在现代城市中的你，窥见四个古都的繁华风物，听到千年前市民生活的隐隐喧嚣。

（原载2020年10月14日“中华书局1912”微信公众号，作者系中华书局古籍整理出版中心历史编辑室编辑）

研究《老子》的必读书——《帛书老子校注》

王　娟

《老子》(又称《道德经》)是中国经典哲学典籍之一，在历史上发生过深远的影响，且魏晋以来，传本、注本众多。元代的张与材曾说："《道德》八十一章，注者三千余家。"亦可从侧面体现出历代学者对《老子》一书的重视。《老子》一书虽仅五千余言，但从历代流传的诸本来看，经文文字出入较大，历来争议不断。

1973年湖南长沙马王堆三号汉墓出土帛书《老子》两种，一种字体介于篆隶之间，称为甲本，一种字体为隶书，称为乙本。甲本无避讳，乙本避"邦"字讳，学界认为，甲本抄写时间在刘邦称帝之前，乙本抄写在刘邦称帝之后，但皆属汉初的古本。帛书甲、乙本较多地保存了《老子》原貌，且两本同墓出土，来源不同，不仅可相互印证,而且可同时用其勘校今本,订正今本讹误。

帛书《老子》的出土，使历史上许多争论的问题得到了解决。

帛书《老子》出土之后，受到学界的极度重视，先后陆续出版了几种帛书《老子》的校释著作，而高明先生的《帛书老子校注》则是其中的集大成之作。高明先生为考古学专家，对于古文字有很深的研究，此书考校之细、勘察之精，俱超过此前同类的著作，并对于许多疑难问题提出了不少独到之见。

此书校注主要可分为四部分内容：首先是帛书甲、乙本与王弼《老子注》本勘校，其次是主校本与参校本相互比较，再次是异文辨证，最后是经义解释。由于各段经文存在的问题不同，故各段的体例也随文而小异。纵观全书，《帛书老子校注》无论从校勘、体例设计，还是学术价值等方面，都堪称一部不可多得的精品之作。详细体现在以下几个方面：

一、搜罗众本，校本齐备。以帛书甲、乙本为底本，以历来流传较广的王弼本为主校本。《老子》传本数量虽多，但主要以王弼、河上公注本最为盛行。此书以王弼本作为主校本，亦经过审慎选择。作者经过仔细勘对，发现相对于河上公本而言，王弼本与帛书本文字契合度较高，且语意更胜，认为王弼本明显早于河上本。但作者又指出王弼本也并非尽善，不仅存在与河上本同样的讹误，而且还有不及河上本者。为了弥补这一缺陷，作者又另选唐宋元石刻本、敦煌写本、历代刊本三十三种作为参校本，以勘正今本讹误，澄清其中是非，恢复《老子》经文真旨。参校本凡经文与王本相同者不录，仅录其经文异于王本者，以便了解今本经文之分歧及其与帛书甲、乙本之异同。

二、条目清晰，异文一目了然。帛书《老子》甲、乙本皆不分章，也就是没有所谓的“八十一章”。为便于与今本对照查阅，此书依帛书《老子》篇次，《德经》在前，《道经》在后，参照今本章次，依次按照帛书甲、帛书乙、王本的顺序分句段抄录，每段经文之前皆用汉语数字标明序号，以便有条理地勘校。因今本原有错简，凡遇今本章次倒误而与帛书甲、乙本经文序次不合者，均在序号下加注说明。

三、追本溯源更便捷。《帛书老子校注》在甲、乙本经文下标注阿拉伯数字，用来表示这段经文在帛书中所居之行数;因乙本每行分两段，故在数码后又有上、下之分，方便读者查阅帛书原文。

四、异文辨证及经义解读学术价值高。如王本三十八章“上德无为而无以为”句下有“下德为之而有以为”句，与下文“上义为之而有以为”语意重叠。帛书甲、乙本俱无“下德”句，高明先生说：“从经文分析，此章主要讲论老子以道观察德、仁、义、礼四者之不同层次，而以德为上，其次为仁，再次为义，最次为礼。德仁义礼不仅递相差次，每况愈下，而且相继而生。如下文云：‘失德而后仁，失仁而后义，失义而后礼。夫礼者，忠信之薄而乱之首也。’德仁义礼之间各自差距如何？老子用‘无为’作为衡量四者的标准，以‘无为而无以为’最上，‘为之而无以为’其次，‘为之而有以为’再次，‘为之而莫之应，则攘臂而扔之’最次。据帛书甲、乙本分析，德仁义礼四者的差别非常整齐，逻辑意义也很清楚。……验之《韩非子·解老篇》，亦只言‘上德’、‘上仁’、‘上义’、‘上礼’，而无‘下德’，与帛书甲、乙本相同，足证《老子》原本即应如此，今本多有衍误。”分析论断可谓精当。书中诸如此类的精辟见解俯首皆是，有时寥寥数语，便使历史上遗留的学术争议涣然冰释。

五、附录实用。书后分别附录帛书《老子》甲、乙本残卷实录及勘校复原文字，方便读者直观纵览甲、乙本残卷文字面貌以及高明先生的校勘成果。

总体而言，《帛书老子校注》一书，引据资料翔实可靠，为读者直观呈现了帛书《老子》甲、乙本与今本的差异，且使读者能够最大程度上了解古本原貌，并且作者在书中相对全面地呈现了《老子》不同版本的异文，可谓“一本在手，不必旁求”。尤其是在异文辨证及解读经义方面，更是体现了作者扎实、严谨的学术功底。《帛书老子校注》亦因其严谨的校勘、科学的体例设计、极高的学术价值，被读者奉为“研究《老子》的必读书”，是“《老子》学”

研究领域不可忽视的精品之作。

（原载2020年4月30日“中华书局1912”微信公众号，作者系中华书局古籍整理出版中心哲学编辑室编辑）

但开风气不为师：臧琳与他的《经义杂记》

汪 煜

清代研究经学极盛，其时学人们除了专究一经而述作一“新疏”外，还有一群大家致力于整饬群经，撰著札记。这其中最为人知的，即是《经义杂记》与《经义述闻》二书。《经义述闻》是王念孙父子共撰，今人皆所共知。而《经义杂记》则为臧琳独撰，其在当时出名，于今却略有隐晦，不得不为之感慨。

臧琳（1650—1713），字玉林。常州武进（今属江苏常州）人。生平不仕，专以读书为务。其著《经义杂记》三十卷、《尚书集解》一百二十四卷、《困学钞》十八卷、《大学考异》二卷、《水经注纂》三卷、《知人编》三卷、《郑氏年谱》（未知卷数）等，今仅传《经义杂记》三十卷、《六艺论》一卷（是书原在《困学钞》中，臧琳曾孙臧庸抽出单行）。

《经义杂记》共载考订文字五百十七则，遍举群经疑难之处而加以说解，其取证多用《经典释文》《说文解字》以及《尔雅》，实已先乾嘉诸儒实行以文字音韵为研究经学之阶的学术方法。乾嘉名家如钱大昕赞之曰“尤精《尔雅》《说文》之学”，段玉裁赞之曰“发疑正读，必中肯綮，旁罗参证，抉摘幽微；精心孤诣，所到冰释”，良有以也。

《经义杂记》一书，其自“正名”肇端，以“每怀靡及”收束，亦颇能看出臧琳之微意。但凡考订，皆以正其谬误为鹄的。《论语》中言“必也正名乎”为“为政之先”，比例求学，亦是“必也正名乎”为“为学之先”。臧琳案语言“以正名为正书字”，正是其表露心迹处。至于考订文献，虽必曰“实事求是”，亦难免“一孔之见”，进退之间，必也以忠信二字自励。《诗·皇皇者华》言“駪駪征夫，每怀靡及”“载驰载驱，周爰咨询”，其实考订文献者，犹即《诗》中所谓之征夫，心中有私见，往往淹留稽察，然犹恐不及本义。徜徉于文献之间，必多咨诹同道，而以忠信为之终始。读此二条，不得不叹服前人著述之慎。

《经义杂记》自臧琳撰成之后，一直为稿本状态。其曾孙臧庸筹措刊刻，曾将其中部分稿本誊写寄奉当时诸儒，以此请序。因此是书在未刻成，便使得“通儒硕学，莫不心折此书”。在臧庸请得序文并诸家校读札记之后，其在广州开刻《经义杂记》(三十卷)。此本收入《拜经堂丛书》，为《经义杂记》第一个刻本，也是《经义杂记》的全刻本。

道光五年（1825），时任两广总督的阮元辑刻《皇清经解》，其收《经义杂记》一书，然仅取三十卷本五百十七则中的四百五十七则，勒为十卷。此即《皇清经解》本。这三十卷本、十卷本的差别，倘若无人统理，对于研读该书来说，不能不算是一个障碍。

所幸，《经义杂记校补》一书的出现，适时地清除了上述的障碍。《校补》其取三十卷本为底本，以十卷本为参校本，吸取十卷本之长处，订正了三十卷本的讹误。不仅如此，其还全面清理了臧琳《经义杂记》中所引用的经史子集的文字，统一核对了原书，在每则后标注引文所在原书中的篇章，并对其中讹误的引文做了必要的校订。另外，在该书末尾，还附带有四角、音序、笔画三个索引便于读者查核原书。这样一来，对于当代读者使用《经义杂记》提供了不小的便利。

例如《经义杂记》卷二十一“不衰城”条，《校补》梳理《杂记》所引文字，标注曰“见《汉书·五行志下之下》”“见定元年《公羊经》”“见《玉篇·衣部》‘衰’字条”“见定元年《公羊传》徐《疏》”，指出文字出处，对于读者快速翻检原文，乃至快速查核原书该条下其他人的说法提供了方便（例如读者想查核《公羊义疏》中的说法，按《校补》所指，直接翻至《公羊义疏》定公元年一节即可）；又如卷二十三“出入周疏”条，《杂记》原文引《左传·昭二十年》原文，脱去“迟速”二字，《校补》据《左传》补之（凡《校补》补充文字，前后加［ ］以明，读者一看便知），匡正原文，有功于臧氏。

另外，前文曾提及臧庸刻《经义杂记》前，曾请得多家校读札记，在臧庸刻书时，这些札记也一并刻入了《杂记》一书中，每一条均置于其对应的原文下。《经义杂记校补》在整理时，不仅将这些札记也全部整理了出来，而且还对其中的一些进行匡、补，扩充了读者阅读时所能见的材料，而使得读者能够借此获得更多的启发。

值得一提的是，《校补》一书的前言谓“（本书）涉及疑难论题者，尽量吸收乾嘉以来学者的研究成果，匡谬正讹，补苴考订……力求实事求是，避免繁琐引证，达意即止”。通览全书的校补文字，并无当下繁琐注释之病，信哉斯言。

《经义杂记》自臧琳定稿（于 1703 年定稿），臧庸刊刻（于 1799 年刊成），至今已有两三百年。作为两三百年之后的首个全式标点整理本，《经义杂记校补》一书，将为亦必为当代的臧氏学术研究、清代学术研究等诸多方面提供不小助力。

（原载 2020 年 12 月 5 日“中华书局 1912”微信公众号，作者系中华书局古籍整理出版中心文学编辑室编辑）

《皮锡瑞日记》:展现清代学术一角,比肩“晚清四大日记”

汪　煜

提起晚清的经学大师，皮锡瑞是一位无法绕开的人物。而当今大多数人知晓皮锡瑞，是因为其所撰的《经学历史》《经学通论》二书。因为在今天的人们想了解、研究“经学”，大多数是借由皮著此二书为阶。不过，今天要说的倒不是皮著《经学历史》《经学通论》二书，而是其所撰的《师伏堂日记》，也就是本文的主角——中华书局新出版的《皮锡瑞日记》。

清代中期以来，受清代理学家绍述明代理学家撰写“省身录”的风气所溉，学人由撰写、编纂整理自己的读书札记开始转向撰写日记。到了晚清，其出名的即有所谓“四大日记”，亦即翁同龢的《翁同龢日记》、李慈铭的《越缦堂日记》、叶昌炽的《缘督庐日记》、王闿运的《湘绮楼日记》。这些日记中不仅记载了作者与当时名人的交往，还记载着作者本人的读书心得。因此被人视作掌故、学术的渊薮，为人所津津乐道。而皮锡瑞的《师伏堂日记》也正是这样一部内容丰富、价值极高的作品。

此部日记始撰于光绪十八年壬辰（1892）正月初一，一直记到光绪三十四年（1908）二月初四皮氏过世。其中不惟涉及了皮氏在戊戌时期积极参与湘赣两省变法以及在湖南创办新学的始末，而且记载了皮氏对于晚清政局中各个时局大事的所闻所见所想所感。这些精彩的记载，在今天读来，依旧能够感受到包含其中的浓郁情感，甚至从某一层面上，它为当时的历史留下了生动而细致的写真。

除此之外，日记中还记载着皮锡瑞作为一位学人，其对于当时学术问题的解答与学术著作的评骘。

正如本文开头说的那样，皮锡瑞是晚清的经学大师。其实这一点还可以再具体些——皮锡瑞是研究《尚书》、郑玄之经学的巨擘。

清代学术的发展，恐怕不能够忽视阎若璩《尚书古文疏证》一书在其中起到的作用，而清代学术的旨归，恐怕也不能忽视清代人对于郑玄、许慎等汉代经学大师（特别是郑玄）的景慕与发挥。皮氏既然上承乾嘉余气，自然会对于清代学术的这两处关节——《尚书》与郑玄进行特别的关注。

于《尚书》，皮氏有《今文尚书考证》《尚书大传疏证》《古文尚书冤词平议》《尚书中候疏证》《史记引尚书考》；

于郑玄，皮氏则有《孝经郑注疏》《鲁礼禘祫义疏证》《箴膏肓疏证》《起废疾疏证》《发墨守疏证》《六艺论疏证》《郑志疏证》《驳五经异义疏证》《圣证论补评》等书。像这种类目宏富而议论精到的学术成果，实在不让人不好奇其成书的前后过程。所幸在皮氏自撰的日记中，即有关于前述诸书成书过程的详细记载。如光绪二十一年到二十二年之间，皮氏记载了其撰写、刊刻《孝经郑注疏》《尚书大传疏证》《郑志疏证》的经过，观览其校录一纸乃至数纸的过程，每每不得不为其勤勉而慨叹。而这些内容，也正是当今读者了解、研究清代学术史、出版史所不能绕开的。

当然，作为一个"清代《尚书》学"、"清代郑玄学"的殿军的学者，皮锡瑞本人的阅读经历也非常令人好奇。而在皮氏日记中，恰恰有关于这些内容的记载，例如光绪二十年（1894）八月廿九日，皮氏在日记中写到"忆李圭所著《环游地球新录》"云云，可见其对于新学的接受程度，亦可见皮氏读书之广博。同年九月初二日，皮氏在日记中写到"观《说文统释序》、《古籀补》诸书。小学自是古学门户，然专务为此，则所见者小，予不为也"，可见其对于当时小学（即文字学、音韵学、语文学等）的态度，亦可见其读书之法。

总之，《皮锡瑞日记》是一部能够助力于晚清政治史、学术史乃至社会史研究的好书。值得一提的是，此部《皮锡瑞日记》中附带了一个经由点校者精心编纂的“人名索引”，这一索引对于读者使用《皮锡瑞日记》提供了极大的帮助。这也是此书的亮点之一。

末了提一句，最近新史学研究提倡“生命史”之概念，而像日记这种真实记录作者本人的见闻与情感的材料，恐怕没有比它更适合成为撰写“生命史”的依托了。我们衷心希望中华书局新出的《皮锡瑞日记》，也能够为研究晚清学者的“生命史”打开一扇大门。

（原载2020年9月22日“中华书局1912”微信公众号，作者系中华书局古籍整理出版中心文学编辑室编辑）

探究司马迁隐秘心曲的《时空》

——走进经典的另一条路径

黄飞立

作为“二十四史”打头之作的《史记》，不论是在史学领域，还是文学领域，早就以其异样的光彩确立了典范地位。作为经典，在以其自身能量不断辐射后世的同时，也不断被后来者评价、解读甚至重构。人们的阅读趣味和阅读习惯随着时代不断发生变化，经历了古代到近代再到现代的剧烈转变，流传两千多年的《史记》的经典地位如何在阅读中被有机延续，便成为摆在所有古代经典面前的一个典范课题。

《史记》“文不甚深”，相较后世某些文派，反而是明白易懂的。但对于大部分现代读者来说，直接进入《史记》文本依然是有门槛的。此其一。《史记》是司马迁在经历了巨大磨难之后所成的“一家之言”，纾忧发愤，甚至被称为“谤书”，因此，即使具备了一定古文基础和阅读经验的读者,在读懂《史记》所记载史实和历史故事的同时,能否读出司马迁蕴蓄其中的史观和情感,更成为能否领略《史记》之妙的关键。此其二。因着这两点,循着名家、专家的引导,逐步进入《史记》广阔的历史世界,便成为一条走进经典的可靠路径。复旦大学陈正宏教授的《时空:〈史记〉的本纪、表与书》,作为解读《史记》系列的第一本,就是这样一种尝试。

对《史记》进行这种尝试的,用汗牛充栋来形容也不为过,这本又有哪些不同?《时空》不是一般的名篇节选加讲解,不光讲文本,讲故事,更把重点放在《史记》的编著史上,讲承载这些故事的文字是怎么来的。借用陈教授的话说,我们读到的,不只是司马迁的《史记》,还是陈教授从自己古典文献学的专业角度进行解读的《史记》。正如《后记》所言:"我在本书里讨论的,更多是《史记》的各篇是以什么样的文献为基础被编写出来的,以及为什么它们会呈现这样或那样的文本面貌。"

举例来说。《夏本纪》中关于大禹的文字超过三千,其他王不到六百,就是因为文献缺稀,而《尚书》中关于大禹的文字很多,便成为《史记》的主要来源,造就了《夏本纪》的这样一种面貌。《秦本纪》写得很详实精确,就是因为可资利用的文献多,而这是秦朝焚书,把秦国之外史书销毁殆尽的结果,《六国年表》的叙文中司马迁就感慨,他编年表依赖的"独有秦记"。再比如《史记》记载商纣还没灭亡时西伯就已经称王，且在伐纣成功后砍下纣王的头，这些记载均遭到后世儒家价值观的质疑，但司马迁还是写进书里，因为唯一能让他尊重的，就是看到和听到的"文献"，他的写作不会被任何既有观念所束缚。还有，《三代世表》矛盾之处很多，因为原始文献就是如此，司马迁并不是不知道，但他还是决定向孔子学习，"疑以传疑"，原样呈现，让读者自己去判断。通过对《史记》成书过程的分析，司马迁对历史的看法以及作为优秀史学家的卓越之处，便一点点呈现出来："他似乎更喜欢让自相矛盾的史料在他的大书里互相较量争斗，以此显现历史的纷繁复杂与难以捉摸。"

有意思的是，陈教授还通过对古代文献形式的分析，来推测《史记》所遭逢的命运。比如《天官书》大胆的劝谏和《封禅书》辛辣的讽刺能逃过一劫，应该就与古代的文献形式有关，即目录在最后，配有提要，古人读书前先看提要，特别在纸张发明之前更是如此，由于这两篇的提要司马迁写得十分官方和"平庸"，故很有可能武帝不再有兴趣读它，从而躲过了《孝景本纪》和《今上本纪》被删削一样的劫难。这样的例子，也能加深读者对历史"同情之理解"。

更进一步，陈教授是借文献解读的方式，来探究司马迁写作《史记》时隐秘的心曲，因为《史记》实际上是"借史的形式"，来表达自己的"一家之言"（梁启超《要籍解

题及其读法》)，即自己对于历史的理解及个人情感。这主要表现在以下两个方面。

第一，司马迁时时不忘的现实观照，尤其是自己身处的汉武帝时代。将《五帝本纪》放作全书第一篇，除了司马迁时代认为黄帝是历史之始外，也有如下考量，即朝思暮想做神仙化黄帝的汉武帝被层出不穷的方士骗得团团转，司马迁对此深恶痛绝，才写了这么一个带有明显人性的黄帝，而且置于首篇，作为后世历代帝王的榜样。另外，不吝溢美之词描述文帝时代政治的宽松，比如“除肉刑”，就是为了反衬武帝时代的专制。特别明显的是，《乐书》记汉武帝得天马而作歌的故事，是司马迁同时代事，而其中公孙弘与汲黯围绕此事的言行，却明显与史实不符，很显然，司马迁故意这样，无非是为了曲折地讽刺武帝“问马不问人”的作为。

第二，《史记》写历史，终极是写人。陈教授说得明白：“(司马迁)借着描述一个很长时段的历史演变过程……把人性的各个方面加以彻底揭示。”因为“推动任何特定区域历史演变的基本动力，其实是生活在这个区域中的人的普遍人性”，正是因为聚焦在人，在人性，才更显出《史记》的深刻与超越时空的魅力，这也是它在浩如烟海的古代史籍中显得卓尔不群的根本原因。举例来说，《史记》以后的正史中基本都有《地理志》，相对客观，而《史记》却独有自然与人事纠葛的《河渠书》，讲漕运和水患，说明司马迁的关注焦点是制度背后的人。再比如司马迁在《礼书》中鲜明阐述自己对于礼仪的理解："缘人情而制礼，依人性而作仪。"此外，《平准书》虽写经济，但并不关注具体的数字，而是围绕经济写经济以外的问题，最后的"太史公曰"提到"物盛则衰"，"时极而转，一质一文，终始之变也"，更是说明司马迁关注的焦点，始终是历史中的人，以及由人导致的历史变迁。

通过以上两点，就会牵涉到，被《史记》书写的历史与可能的历史实相之间有着怎样的联系和区别，以及为什么会这样，从而让读者体悟到历史的复杂面相和张力，以及人在历史和天地之间的存在状态。陈教授比较《高祖本纪》和《项羽本纪》的史料来源，进而探掘司马迁对历史的领悟："这两篇本纪，就是这样互相纠缠着，为秦汉之际的历史巨变和汉朝初期的制度延续，提供了一种感性的观照和解释，也为历史转折关头人性的真挚、冷漠和变态，画出了一道真切的风景。"司马迁还经常以"太史公曰"的形式，以作者身份登场，或显或隐地表露自己对历史的真实感喟。比如《河渠书》，虽然写到武帝时期治理黄河水患成功，但司马迁并没有停留在当代和暂时的胜利，眼光似乎更远，透露出河渠水利之事是中国人难以克服的宿命这样的无奈和悲凉情绪，历史学家的敏感表露无遗。再比如《秦始皇本纪》很长的"太史公曰"附录了贾谊的《过秦论》，显得颇不寻常，正是因为秦的迅速崛起和灭亡，对汉朝人来说太过激烈和惊心动魄，而这也是从秦始皇开始集权统治的必然结果，司马迁需借贾谊的文字，一纾心中块垒。

陈正宏教授的解读和引导，让我们如入山阴道中，在《史记》营造的历史世界中应接不暇，他还将继续引导我们徜徉于“世家”“列传”，带我们认识完整的《史记》和司马迁。我们同样期待更多这样的经典解读之作，让我们理解“经典何以经典”。

（原载2020年11月25日《中华读书报》，有修改。作者系中华书局上海聚珍文化传媒有限公司编辑）

“治术”：从传统治道到现代国家治理

吴艳红

“治大国若烹小鲜。”“垂衣裳而天下治。”这是我们耳熟能详的国家治理名言。中国的治理之道与西方管理思想有显著差别。现代管理学在西方成为一门综合性学科，应现代化大生产而生，通过合理组织各项资源和配置人、财、物等因素，提高生产力水平。中西对照，现代管理学主要着眼点在经济领域，并没有鲜明的形而上及道德色彩，是剥离了非理性因素的高度理性的经济管理方式。

张国刚教授新著《治术：周秦汉唐的经世之道》从道与术的层面论析了战国至五代 1362 年中国历史上重要关节点的人和事，梳理千年兴衰根源，呈现历代治世得失，总结了“敬天保民”“民贵君轻”等治理之道和“宽猛相济”“不求全责备，人尽其用”等治理之术。治理之道相当于在形而上的层面指出要做正确的事，治理之术则在实践层面指出如何正确地做事。曾国藩曾说："窃以先哲经世之书，莫善于司马文正公《资治通鉴》。"《治术》即依托《资治通鉴》，用现代语言明白晓畅地解析了古人的治理道术（倾向于剥离了阴谋诡计成分的"术"），颇富启发意义。

比如改革与发展是硬道理。北朝时期，胡汉融合成为历史大势。西魏、北周的宇文氏集团担当起了改革与发展的重任，东魏、北齐的高氏集团却停滞不前，分离胡汉，败坏国力，前者从战略上确立了胡汉融合的方向，顺应了历史潮流，后者则不图思变，很快出局。

比如政策调整须与时俱进，权衡利弊。汉初六十年，经济恢复并高速发展，"无为而治""萧规曹随"成为治理佳话，前者指向政策的宽松，后者指向政策的连续。这是针对汉初国情而言，恢复经济成为当时社会的主要矛盾。有一利就有一弊，汉初放任的经济政策和社会管理政策随着时间的推移产生了消极后果，表现为贫富分化与道德滑坡，适时调整政策成为必要。因此，在政策难以两全其美的情况下，与时俱进，权衡利弊成为重要指南。

比如领导力。领导力是一项综合实力，现代社会通常包括学习力、决策力、组织力、教导力、执行力、感召力。在古代政治中，则常常表现为领导人的格局、决策与用人、进取心、人格魅力等。对比隋唐，唐承隋制，中央集权高效运作，唐朝绵延近三百年，隋朝则只存续三十几年，其中领导力起决定作用。隋炀帝曾进行过一系列制度方面的改革，又有营建东都洛阳、修建京杭大运河、西巡出塞、开拓疆土、开设进士科等“大事记”。然而他好大喜功，刚愎自用，心胸狭窄，不能容人，后期面对乱局无所作为，自取灭亡。唐太宗则深知“水能载舟，亦能覆舟”的道理，关心民瘼，任人唯贤，“使人如器”，开创贞观盛世之局。其所撰《帝范》从修身谈到治国理政，处处显示出畏义好贤，屈己从谏，刻厉矫揉，力于为善。不是在驾驭臣下方面处心积虑，而是在自我约束上不遗余力，此为唐太宗高明之处。

对于经邦济世的人来说，学习历史最重要的是通晓治世得失。《治术》正是这样一部帮助我们回望历史、立足当下、展望未来的著作。

（原载 2020 年 11 月 28 日《深圳特区报》读特新闻客户端，作者系中华书局上海聚珍文化传媒有限公司编辑）

启功先生《读〈红楼梦〉札记》讲了什么？

胡香玉

在为配合“整本书阅读”而出版的《红楼梦》(注解本)里，保留了启功先生1979年为《红楼梦》作注释时写的序。在这篇序言里，启功先生谈到“读《红楼梦》需要注意的八个问题”，主要是想表达《红楼梦》中有些问题是“注释”这种体例无法讲明白的。现在读来，这篇序言对读者仍然有着醍醐灌顶的意义，它让我们抛开那些不必过度解读和纠缠的细枝末节，而关注文本本身的价值。

在讲到第八点“写实与虚构”的问题时，启功先生说：

> 作者虚构的手法，实是随处可见的。我曾把书中的年代、地方、官职、服妆、称呼、器物等等方面虚构的情况加以分析和统计，见《读〈红楼梦〉札记》，现在不必重复。我们据此可以了解作者由于有所避忌，所以他不但要把“真事隐去”，即在其他方面，

小到器物之微，也不肯露出清朝特有的痕迹。

我们找到了启功先生 1963 年写的《读〈红楼梦〉札记》一文，由于篇幅较长，现选取其中有意思的细节和大家分享。

年代与地方

以年代而言，启功先生指出《红楼梦》和古代那些常首先交代故事时间地点的小说不同，作者在第一回中多次提到年代无考，“真事隐去”的说法，并借“太虚幻境”对联发表了一个声明:假作真时真亦假，无为有处有还无。我以为，这大概相当于现代影视剧的开头“本故事纯属虚构”的声明，但显然前者却更辩证，更耐人寻味。

启功先生举的最妙的例子是第七十八回《芙蓉女儿诔》一文，因为文体格式不得不备注年月日，于是作者玩了一个文字游戏：

太平不易之元，蓉桂竞芳之月，无可奈何之日。

启功先生认为，这一方面固然表现出宝玉悲念追悼晴雯的心情，其实仍是为了巧妙地避开真实年代而使用的“障眼法”。

以地方而言，作者也常常真假参半。对于不止清代特有且著名的地方，常常用真名。如苏州（第五十七回）、湖州（第一回。也有人认为这一地名谐音“胡诌”）、大同府（第七十九回）等。还有一些纯属虚构的。如大如州（第一回）、孝慈县（第五十八回）、平安州（第六十六回）等。

又如我们常常觉得小说中的贾府在北京，但书中屡次提到京城时都用长安代替。如长安城中（第六回）、长安县（第十五回）等。此外也有很多“进京”“来京”的说法，但全书竟然没有一个“京”字上带有“北”字的。这就巧妙避开了清代的首都“北京”。说到这里，启功先生又加了一句：“固然明代的首都也是北京，未尝不可以强辩，但作者终于把它躲开了。”由此也可见作者运真实于虚构的严谨。

官　职

启功先生在序言里已经提到作者在官职避忌上尤为严格，凡是清代特有的，一律避开。

> 所有的官职名有历史上曾经有过的，也有完全信手虚构的。即以历史上曾经真有的官名来说，却常常不是同一朝代的，或者那个官职，在古代并不管辖那种事务。也有清代的官名，但往往是清代沿用前代而非清代所特有的。

启功先生列举了很多官名，如第二回的“兰台寺大夫”，甄应嘉的官衔“钦差金陵省体仁院总裁”，第十三回贾蓉封的“龙禁尉”，其实都是作者信手拈来，或半真半假或残缺不全的。正如启功先生在序中说，像“龙禁尉”“京营节度使”等等，不但清代没有，即查遍《九通》、“二十四史”，也仍然无迹可寻。

服 装

讲到服装，启功先生认为：

> 本书中人物的服装，有实写的，有虚写的。大体看来，是男子的多虚写，女子的多实写。女子中又是少女、少妇多实写，老年、长年妇女多虚写。女的官服礼服更多虚写，实写的只是些便服。

以虚写而言，我们先看男子的服装。其实书中提到男子衣着的地方很少，像贾政、贾赦都没有正面描述过他们的容貌服饰。第一回当了县令的贾雨村是“乌帽猩袍”，第六回对于贾蓉形象的描述是“美服华冠，轻裘宝带”。第十五回写到北静王时，作者给了他一身“戏装”：所谓“头上戴着净白簪缨银翅王帽，穿着江牙海水五爪龙白蟒袍，系着碧玉红鞓带”。还有第八十五回只写“北静王穿着礼服”。这些地方都是虚写，而凡能代表清代制度的官服，一律是“羚羊挂角，无迹可求”。

又如写到老年妇女贾母，在她出现的重要场合，如元妃省亲、进宫探视等，都写的是“按品大妆”。至于具体按什么品，每品的服妆是怎样的？怎样叫“大妆”，还有没有“中妆”和“小妆”，它们之间有什么区别？作者只字未提。

以实写而言，男子中只有贾宝玉的服装算是作者着墨较多的了。如第三回出场时描述的“头戴紫金冠、脚登青缎粉底小朝靴”等。启功先生说这里的“紫金冠”又名“太子冠”，只是小孩的游戏装束而已。

又如第四十五回通过黛玉的眼睛看到的是：“看他脱了蓑衣，里面只穿半旧红绫短袄，系着绿汗巾子……”还有其他很多地方的描述，服装都是红红绿绿的，不像成年男子的服饰，是娇养小孩的标识，何况还写他带着寄名锁、护身符等。

我们再看女子。比如对王熙凤第一次出场时的便服描写很具体，启功先生在序言里也有所提及，她头上戴的“金丝八宝攒珠髻”“朝阳五凤挂珠钗”，其实不过是暗写清代命妇所戴的钿子。其他如对宝钗、黛玉、袭人等少女和丫环的便服也有具体描写，但基本上都是说什么质地的棉袄、什么样子的外褂、什么颜色的衬裙，这些都是明代就有的习惯装束，清朝也都基本沿袭了。所以无论怎么写也不会露什么马脚。

总之，无论实写还是虚写，曹雪芹在人物服装上都显示了他运真实于虚构的高超技法。因此，启功先生感叹：“我们现在的画家最困难的是画红楼梦人物图，某个人物的服妆，在书中写得花团锦簇，及至动笔画起来，又茫然无所措手了。”

启功先生还分析了人物的发辫，指出“发辫是清朝特有的装束，但小孩的发辫却不止清朝独有”。书中有几处写到宝玉的发辫，但都是小孩的发辫，没有一处提及过成年男子的头发。这就完美避开了清朝独特的“大辫子”。只有第七十八回写宝玉“靛青的头”，似乎若隐若现，但也仅止于此。

称　呼

关于称呼，启功先生也发现了一个现象。

> 《红楼梦》中的亲属称呼都很通俗，如哥哥、兄弟、姐姐、妹妹、姨妈、舅舅、婶子、姥姥等等。只有对于直系尊亲属的称呼，始终含糊。

例如贾政、贾琏、宝玉、黛玉、秦氏、贾兰等称贾母为“老太太”，王夫人、贾珍、李纨、贾琏、宝玉等称贾政为“老爷”，王熙凤、秦氏、探春、宝玉等称王夫人为“太太”等。这些地方都用了官称。

启功先生认为，封建官僚家庭中的称呼是非常严格的。子女对父母或称爸妈，或称爹娘；对祖父母多称爷爷奶奶，都不许用官称。而清代旗人更有自己独特的称呼阿玛、额涅等。为什么本书一律用了官称呢？启功先生揣度，这也是作者的隐藏之笔，是不肯露出清代的特点而故意为之的结果。

除此之外，启功先生还例举了其他很多故意模糊的细节。比如从没详写过妇女行礼的形式。男子行礼时也只写“以国礼相见”，究竟“国礼”是什么样的，我们不得而知，这和前面“按品大妆”是一样的手法。比如作者写到栊翠庵的大树红梅，又写到笼地炕，地方南北，使人莫辨。又如写到太虚幻境、十二钗画册、秦氏之死、真假宝玉等地方，也常常使人迷离恍惚。

为什么曹雪芹必须这样煞费苦心来运真实于虚构呢？启功先生推测的原因可总结为两点：

外部就是怕引起封建统治者的注意而招致祸患，即清朝人都惧怕的“文字狱”；内部就是作者是带着忏悔、惋惜的目的和“恨铁不成钢”的心情来写这部小说的，曹雪芹既以自己家族、亲戚的生活为主要模型，肯定不愿十分露出模型中的真人真事而免得有人对号入座。

启功先生所举的例子，正是作者“隐去真事”中最巧妙不易察觉的地方。如此完美回避，我们就可以更深刻理解为什么曹雪芹写《红楼梦》是“字字看来皆是血，十年辛苦不寻常”，同时也能察觉启功先生对《红楼梦》关键问题的解答就像“当头棒喝”，虽然文字不多，但足够切磋琢磨。

（原载2020年2月12日“中华书局1912”微信公众号，作者系中华书局基础图书出版中心编辑）

莫道先生老，却比汝时髦

——读吕思勉《中国古代文化常识》

徐卫东

在我老家，以前有一个相传已久的习俗，就是每逢人家有结婚或丧事，人们会送上布匹等物，而主家在事后也会将收到的布匹送给来帮忙的人作为答谢。当时没有多想，只是隐隐觉得婚礼送布做衣料情有可原，丧礼送布是不是有点奇怪：人都去世了，要布作甚？最近编历史学家吕思勉先生的《中国古代文化常识》（精装珍藏版），才发现吕先生对此有一个有趣的解释。

吕先生说，中国古代的建筑，用石材很少，多用土木，木不坚固，土尤其易于倾圮，所以古时高楼很少；土又可制成砖，然仅用于铺路，因此古代的墙，大抵还都是用土造的，土墙不好看，所以富人就要用文锦饰之。最后，吕先生还说："我们现在婚、丧、生日等事，以绸缎等物送人，谓之幛，还是这个遗俗；而纸糊墙壁，也是从此蜕化而来的。”用报纸糊墙，这样的事，我小时候干过啊，就是单纯为了整洁好看——我家老屋，是在花岗石地基上垒出的土屋。如此说来，贾谊抨击富人用丝绸衣服遮墙是上下不分、奢侈浪费，也算是夸大其词了吧？

《中国古代文化常识》是吕思勉先生名作《吕著中国通史》上册的整理本，分门别类系统地叙述了中国古代社会婚姻、族制、政体、官制、赋税、兵制、刑法、衣食住行、教育、宗教和文化学术等许多方面的起源与演变情况。

这本书实际上是吕先生在光华大学十余年讲课精华之结晶。起初，吕先生在光华大学讲中国通史，文学院院长钱基博先生跟他说：“讲通史易与中学以下的本国史重复，不如讲文化史。”对此，为中学生写过中国通史教材（如《复兴高级中学教科书本国史》，2015 年中华书局曾以《中国通史》[彩图珍藏版] 为名予以再版，受到读者欢迎，重印多次）的吕思勉先生深以为然，并着手实践。

在中学学过一遍中国历史，等到了大学，又再学一遍中国历史，对历史课的记忆无非是政治、经济、军事、文化、科技等条条块块，离不开背诵名词解释——这是我们很多人对学习中国史的记忆或者认知。没想到九十多年前，钱基博和吕思勉等学者就已经考虑如何避免重复学习中国历史的问题了。

吕先生的解决办法，就是借鉴马端临《文献通考》序言的提法，将所授课程分为典章制度与治乱兴亡两部分内容，以便兼顾文化与政治，并撰成《吕著中国通史》一书。普通的历史课程主要涉及政治上的治乱兴亡大框架，没有细节。吕先生则关注历史框架背后的典章制度的变迁，因为这种变迁实际上体现了社会整体的发展，对许多历史事件的来龙去脉交待得更清楚，因此也让人对历史的把握更有贯通感。

这里举两个例子。第一个是晋灵公与重臣赵盾有矛盾，曾派遣勇士去刺杀后者。据《春秋公羊传》，这位勇士“窥其户”，看见赵盾“方食鱼飧”。这个画面触动了勇士，他说：“嘻！子诚仁人也！……子为晋国重卿而食鱼飧，是子之俭也。”勇士就不忍杀赵盾，反而刎颈自杀了。为什么吃一碗鱼就能救命呢？在我们看来，大鱼大肉，不正是奢侈的表现吗？吕先生在书里告诉我们，原来我们古人的日常食物，有三类：一，草木之实；二，鸟兽之肉；三，鱼鳖。肉类是老人、贵人才能享用的食物，而第一、第三类都是平民大众所食。赵盾作为晋国重臣，吃底层民众才吃的食物，在刺客看来，这正是俭朴的体现。

第二个例子，就是对中国古代军队的理解。中国历史上的朝代兴亡，与军队的变迁密切相关。我们往往好奇为什么一个王朝初起时兵威甚盛，等到末期时却无兵可用，坐等灭亡。不都说“养兵千日，用兵一时”么？哪个统治者不是以军队为重，千方百计予以维持的？

吕先生梳理中国古代兵制的变迁后，得出结论说：“武力是不能持久的。持久了，非腐败不可。这其原因，由于战争是社会的变态而非其常态。变态是有其原因的，原因消失了，变态亦即随之而消失。所以从历史上看来，从没有一枝真正强盛到几十年的军队。”他还说：“‘兵可百年不用，不可一日无备’，这种思想，亦是以常识论则是，而经不起科学评判的。因为到有事时，预备著的军队，往往无用，而仍要临时更造。”这话真是明白极了。试看清朝就是如此，八旗入关，威名赫赫，其后就一直堕落，开始依靠汉兵绿营，等到晚期，绿营又不行了，只得依靠曾国藩、李鸿章组织湘军和淮军来续命了。

《中国古代文化常识》的初版《吕著中国通史》(上)问世于八十年前，而作者吕思勉先生也早于1957年去世，可是我要提醒一句：切莫以为这只是一本老先生的老书。吕思勉这位老先生，与我们想象中的老先生形象（刻板、老套等等）大不相同。他对历史与社会的见解，平实，通透，甚至可以说，有点时髦。在这本书中，发人深省的观点很多，这里试举一例，因其如此精彩，有必要照录如下：

有人说：社群制度是女子之友，家庭制度是女子之敌。然则“女子回到家庭去”这口号，当然只有开倒车的人，才会去高呼了。人家都说现在的女学生坏了，不如从前旧式的女子，因其对于家政生疏了，且不耐烦。殊不知这正是现代女子进步之征。因为对于家政生疏，对于参与社会的工作，却熟练了。这正是小的、自私的、自利的组织，将逐渐破坏；大的、公平的、博爱的制度，将逐渐形成的征兆。贤母良妻，只是贤奴良隶。此等教育，亦只好落伍的国家去提倡。我们该教一切男女以天下为公的志愿，广大无边的组织。

完全可以说，吕老先生是赞同男女平权的先驱之一了。对照网络上与现实中流行、并为众多网友所厌恶的大男子主义之种种恶臭，吕先生的见解比如今很多人实在不知高明多少。举一反三，“贤母良妻，只是贤奴良隶”这十个大字，真是铿锵有力：试将“母”“妻”换作“员（工）”“（公）民”等，似也可以一句点破各类号召“996福报”“感恩”的机构之用心？

最后说一点，吕先生自己对这部书，是极为看重的。他说：“我这一部书，取材颇经拣择，说明亦力求显豁。颇希望读了的人，对于中国历史上重要的文化现象，略有所知；因而略知现状的所以然；对于前途，可以豫加推测；因而对于我们的行为，可以有所启示。”

（原载2020年7月13日“中华书局1912”微信公众号，作者系中华书局大众图书出版中心编辑）

我读《古人的生活世界》

但　诚

近期，王宏超先生的《古人的生活世界》在书局出版，给书局的中国古代通俗物质史、社会生活史读物家庭贡献了新成员。

美国人类学家罗伯特·芮德菲尔德（Robert Redfield）曾以大传统、小传统理论来区分历史研究的层级，即大传统是精英阶层、知识分子所代表的经典文化；小传统是底层社会中农民所代表的民间文化。随着“国学热”的持续升温（或称传统文化复兴），社会上对国学的内涵外延的讨论一直没有停止。作为今天精英知识分子的代表，李学勤先生曾有一个精妙的论断，即“国学的核心是儒学，儒学的核心是经学”。因此，这个大传统具有难以抗拒的历史基因。而从市场角度看，精英学术读者和大众都是书局市场的重要组成部分，对后者的开发不但很有必要，也大有空间。

笔者目力所及，类似读物20世纪80年代初有一部“青年文库”，其中《中国古代史常识专题部分》三印即达56万册。美国薛爱华《唐代的外来文明》(第三版直译为《撒马尔罕的金桃 唐代舶来品研究》)1997年引进后广受关注。书局前些年出版了孙机先生的《中国古代物质文化》，乃大家力作，尤为学界、读书界称道，难以超越。

《古人的生活世界》全书分八章，分别从饮食、逸兴、姿态、娱乐、游逸、身份、时间、空间，向读者介绍“侧重于休闲生活”的古人生活，另有一章讨论前现代时代，西方生活文化对中国人的影响。其目标读者很明确，但也基于坚实的理论基础，自有逻辑。

作者引用葛兆光先生的话说，在精英与平民之间，存在“一种近乎平均值的知识、思想与信仰，作为底色或基石而存在，这种一般的知识、思想与信仰真正地在人们判断、解释、处理面前世界中起着作用”。为什么一边要对二者进行严肃地区分，一方面又要寻求其最大公约数呢？我想，这一方面是因为作者目前所使用的材料，多为精英阶层所书写，在均衡与轻重方面，存在天然的不对等；另一方面，生活的物质性决定了精英、贵族的方式具有引领性。

以最为基本的饮食为例，英国魏根深（Endymion Wilkinson）在《中国历史研究手册·平民饮食》中说：“绝大多数历史时期，绝大多数中国人吃的主要是自家出产的五谷杂粮和豆类。佐餐的有腌菜、豆酱和36.4所提到的副食。除了些住近渔区的人和草原上的牧人，一般人的餐桌上只有在新年、重大庆祝活动（婚礼和逢十大寿）等特殊场合才能看见鱼和肉。明清以来，五谷之外，又添山药、土豆、玉米等新大陆作物。玉米面窝窝头出现，并成为北方的重要主食，这种情况一直持续到20世纪。烙饼、烧饼等油烙的东西近乎奢侈品。”（p690）这样的古人生活，怕是避之不及，不会向往。因此，努力接近“平均值”的《古人的生活世界》或可以成为物质生活较为富足的今人，对古人体面生活的再想象的一把钥匙。

比如，书中（p130）提到沐浴与养生及相关设施，曾引用《礼记·曲礼》《闲情偶寄》《遵生八笺》《长物志》等典籍，来展示古代贵族生活对洗浴的重视。《礼记·内则》说:“外内不共井，不共湢浴。”这自然是极高的要求。向以奢侈为名的石虎，曾“为四时浴室……夏则引渠水为池,池中皆以纱縠为囊,盛百杂香,渍于水中”（晋王嘉《拾遗记·晋时事》）。

而宋代以后，作为等同于厨房的“湢”——沐浴设施，几乎成了寺庙或者书院的标准配置，如宋曾巩《兜率院记》:“其后院主僧某，又治其故而大之。殿舍中严，斋宫、宿庐、庖湢之房，布列两序。”他的《筠州学记》则说:“斋祭之室，诵讲之堂，休息之庐，至于庖湢库厩各以序为，经始于其春，而落成于八月之望。”后世直到清末，庖湢库厩的配备也一直是书院建设的基本内容之一。

一般认为，早期只有佛寺、清真寺与宫廷中有浴堂，供斋戒沐浴更衣之用，能流行于民间，这恐怕和宋代世俗生活之发达不无关系。书中甚至也提到了公共浴池“香水行”（宋灌园耐得翁《都城纪胜·诸行》：“又有异名者，如七宝谓之骨董行，浴堂谓之香水行。”），以香水命名，可能也受到了佛教的影响。

对于精英教育阶层，沐浴当然很早就完成了道德、宗教、政治、审美等各种层面的要求，能均沾于一般百姓，本身就是一个不断演进的历史过程。如何润物无声地把这些信息传递给读者，是需要思考的。

全书行文是严肃的，也引用了一定量的古籍原文，对于有些“引文恐惧症”读者，这样会不会削减其趣味性、可读性？

该书在编校中也考虑了这个问题。除了使用饶有诗意的章节标题，书中也插配了大量图片，来自古籍、古画和旧照片，展卷观来，趣味盎然。当然，对这类问题的探讨也没有终点。今天发达的传播形式一方面给纸书带来了挑战，但也提供了新思路。如何更加生动地呈现形式，等待着从业者去发现。

（本文系参加中国出版集团公司2020年读书征文比赛作品，作者系中华书局上海聚珍文化传媒有限公司编辑）

光明逝尽昏黑夜，心灯长明照古今

——浅谈《王伯祥日记》对灯火管制的记录

刘冬雪

1937年8月13日，淞沪会战爆发。中国军人苦战数月，被迫弃守上海。11月，日军进驻上海。然而，日军忌惮列强势力，未敢占领租界。从此，上海进入四年有余的“孤岛”时期。1941年12月太平洋战争爆发后，日军迅速侵入租界，上海全面沦陷。是时，文化学者王伯祥担任开明书店编辑，居住在上海法租界霞飞坊。王伯祥有书写日记的习惯，一生留下日记140余册，约500万字，时间跨度超过半个世纪。如今，海量日记原稿凝结成排印本20册，已由中华书局出版。通过阅读《王伯祥日记》排印本不难发现，在敌伪统治之下，王伯祥一家的生活发生了巨大变化。特别是从1942年8月25日起，敌伪当局多次开展空袭演习，灯火管制频仍，并日趋常态化，扰乱了普通民众的日常生活。

晚清以降，电力照明在城市中逐步普及，特别是像上海这种“开风气之先”的大都市，生活在这里的人们，早早便在夜间过上了谭嗣同在《论电灯之益》一文中所言“居者有复旦之喜，行者无幽谷之叹”的生活。日益完备的电力系统，点亮了上海滩的夜晚。人们常用“摩登”来形容这座都市迷人的风姿。“摩登”是英文 modern 的译音，含义是“现代”。在人们心目中，上海是走在时代前列的大都市，现代性是其骨子里的气质。电力的广泛运用是与现代性相联系的历史发展的产物，是一个社会迈入现代化、走向文明的重要标志之一。然而，上海全面沦陷后，受战争影响，为预防空袭，敌伪当局强制开展灯火管制训练，普通民众很难充分享受电灯带来的便利，却又敢怒而不敢言。

根据布字第 197 号《上海特别市沪西警察局布告》可知，训练灯火管制实行办法一共有七条，其中第二条为“住宅内之灯光应用百页窗窗帘或特制之黑幔等将窗户严密遮蔽，误使光线射出；而对于屋顶之窗及一切洞孔尤须注意”。也就是说，敌伪当局强调禁止灯光外露，并未要求各家各户熄灯。然而，1942 年 8 月 25 日，王伯祥在日记中写道：“夜七时卅分至十一时卅分，沪市初试空袭演习，为灯火管制。奉行者过分讨好，竟不许人家点灯。（虽有黑幕黑罩设备，亦勒令关息。）可笑之至！”可见，规定在具体执行的过程中出现了偏差。那么，日记中提到的

"奉行者"为何人呢？综合多天的日记，我们不难确定，"奉行者"应为保甲长。

上海全面沦陷后，社会不安，物价飞涨，加上敌伪当局到处戒严查封，并连日拉夫，造成人心惶惶的局面。王伯祥在日军初入上海租界的1941年12月18日至1942年2月14日期间日记中断。2月15日为大年初一，日记自此恢复，并更名为《巽斋日记》。题识中提到"巳午之交，世局奇幻"，不难推测，之前日记中断当为受时局影响，忧心笔下文字惹出祸端，于是搁笔。在此动荡时局中，直接面向基层的保甲长可谓如履薄冰，唯恐管辖区域出事。王伯祥理解保甲长的难处，他在1942年9月22日的日记中写到："甲长来告，须及早完成防空设备。其实余家所用电灯均已早置黑罩，前后窗口亦均施黑布为帘矣。叹时事之多故，不禁悯执役之仆仆，深为保甲长同情耳。"1942年10月6日，被誉为"民族诗人"的姚伯麟曾在上海以戏谑的口吻写下一首名为《灯火管制实行后所感》的小诗，里面有几句是"乾坤齐黑暗，大地寂无声。灯火疏笼罩，窗棂微露明。打门兼叫户，守夜并巡更。保长真辛苦，居民弗赞成"，生动展现了灯火管制的情形、保甲长的作为以及普通民众的态度。

保甲长谨小慎微，逐渐发展到有警戒警报便须熄灯，给居民生活造成诸多不便。比如1943年9月10日，王伯祥在日记中写到："午后三时许防空警报作，遂停习拳，五时即归家小饮。是夕竟未点灯”，并以夹注方式补充到：“其实警戒警报无须如此，而保甲长过虑，竟挨家喝关电灯。时至今日尚何口舌之可争,姑曲从而已。”到1944年，遇防空演习甚至要提前熄灯。是年2月8日,王伯祥提到：“到家,知里甲关照演习防空,故灯火暗寂云。”后添夹注：“报载明晚八时至十时灯火管制，今夜殆知风迎合，故作道地以见好乎，不胜叹息。”保甲长的“知风迎合”可见一斑，然乱世之中本无道理可讲，王伯祥无可奈何，只好写下“不胜叹息”四个字。1945年5月15日的日记中也有类似记录：“今日起，又须常期防空，故入夜即由保甲中人沿门狂叫关灯，其实十时后始然，而奉行者每喜过分讨好，殊可笑，亦可怜已。”

敌伪当局全面控制上海后，对防空愈发重视，设立防空日，并加紧训练民众。1942年是频繁开展灯火管制的开端。翻阅《申报》索引可知，1942年全年,《申报》刊登过77篇有关防空的报道，其中大多数关乎灯火管制，其重要性由此可见端倪。电灯作为一项伟大的发明，推动了人类文明的进步。大上海的锦绣繁荣，很大程度上依赖于声、光、电的衬托。王伯祥家里装上电灯后，其日记中常出现“大放光明，快极”、“光集而心静，甚以为乐”等语。但加紧灯火管制后，包括王伯祥一家在内的万千普通人的生活都发生了改变。梳理日记可知，王伯祥大量记录有关灯火管制的内容，之所以会这样，几乎是逢管制必记，或许正说明他很在意“失去光明”。

我们可回顾一下1924年5月18日的日记：“我家素俭，到上海后装用电灯，初尚感快，稍久便习焉不之觉矣。今偶停燃，已深感痛苦，则由此推想，万不安再回到油灯时代了。——这便是历史的事实，便是唯物史观下的有力证据。”这段文字颇有趣，王伯祥从唯物史观的角度解释了何为“由奢入俭难”。从另外一个角度也能看出，电灯对于提升生活品质有多重要。此外，灯光除了与日常生活息息相关之外，这一词汇本身还包含着一种与“光明”相关的引申义。人们对光明总有一种深情的向往，与之相伴的还有一种对社会进步的企盼。比如，启秀女学的陈有芳曾写过一首名为《我愿》的现代诗，其中一句是:“我愿！我愿！我愿作一个电灯,在黑暗的世上放些光明。”这“光明”不仅仅指明亮的灯光，其中的引申义我们一目了然。

王伯祥身处社会动荡时期的无可奈何，几乎全展现在日记的字里行间之中,令人一阵心酸。仍以电灯一事来说，抗战后期，日军颓势渐显，上海的电力供应出现问题，公共电车时而无法营运，各家各户每月限电，还常常停电。因而，有时即便没有施行灯火管制，也无电灯可用。面对“山雨欲来不可终日之势”，王伯祥较为淡定，因为他深知，这是“黎明之际必有之象”。1944年11月21日，王伯祥又记录到：“到家已垂黑，而电火已停供，仍于油灯下进晚餐，街衢电车亦一任纵横矣。事势渐迫渐紧，恐水电终当缺供耳，徒愁亦无益也。”因徒愁无益，王伯祥选择泰然处之。

有时，对黑暗的记录便是对光明的向往，可视作是一种无言的抗争。一位正直坦荡的知识分子，哪怕无力上前线抗敌，也会以自己特有的方式守护心中的那份坚持。1945 年 8 月 15 日，日本天皇宣布接受《波茨坦公告》，无条件投降。是日，王伯祥在日记中写到：“是夕电灯彻宵不截，景象顿改旧观矣。”三日后又记录到：“昨日起，关于灯火管制及防空设备公告撤销，入夜电炬通明，人情为之大奋，虽一草一木亦别饶精神矣。”第二日再记：“今日事真有大病初愈之象，一切俱感飘飘也……笙伯夜归，告市街之有霓虹灯设备者今已有多家复明矣，上海之浮动于此可见一斑。”终于迎来抗战胜利的光明，王伯祥的欣喜之情溢于言表。此时的他如果回看 1938 年 4 月 12 日日记中所言“清晨坐书巢闲翻，试昨日所装电灯甚灵，从此光明不间昼夜，永不虞幽暗矣，快甚。我军连日克捷，抗战前途，其亦同此朕兆乎”，定会感慨万千。

（原载 2020 年 12 月 11 日《图书馆报》，作者系中华书局近代史编辑部编辑）

鬓边海棠依旧，竞逐氍毹风流

——重读齐如山《氍毹留痕》

梁　彦

2015年，我选篇并编辑了齐如山《氍毹留痕》一书，列入“典雅文存”第五集，出版后反响良好，已重印数次。如今，随着《鬓边不是海棠红》一剧热播，内中关于京剧的知识与演员的演技引发热议，成为追逐八卦、娱乐事件的热搜榜上一股清流，实为难得。重读《氍毹留痕》，恰逢其时，且毫无违和。

正如《编后记》所说，“《氍毹留痕》选录了齐如山先生关于京剧行当、剧目、名角等相关文章四十余篇。希望能为喜爱京剧艺术和齐如山先生的读者提供一个入门读本，如果能以此为门径进入到齐先生的艺术世界，那本书的引荐作用就算达到了”。《氍毹留痕》一讲京剧常识，富于知识性；二讲戏目流变，富于资料性；三讲名伶掌故，富于趣味性。更为可贵的是，作者虽是齐如山一人，却综合了观众、行内人、评论者、研究者等多重身份的不同视角，京剧的“规矩”如何成为“规矩”又如何流变，述其然并释其所以然，戏台内外事无巨细谙熟于心，诸多剧目历史沿革娓娓道来，市井坊间伶人轶事谈笑风生……不知不觉间，专业性的文字变得灵动，知识性的讲述也有了温度。

比如在《脚（角）儿的生活》中，作者对堂会背后的弊处揭露得一览无余。陈德霖给谭鑫培送去堂会戏份四百元，谭鑫培认为太多，怕影响以后的买卖，可他哪里知道，实际竟是七百元，暗中还有三百元给家人子弟分掉呢。由此，齐如山对梅兰芳说：“这群人都是一帮贪官污吏，你当然可以挣他们的。但你要知道，这样的钱不是可以常挣的，倘能常挣，便等于不挣。为什么要这样说呢？因为这群人若永在台上，那国家非亡不可。国家完了，你的钱自然也就没有了。”时至今日，言犹在耳，振聋发聩。

再如在《挂头牌争戏码》中，作者褒赞梅兰芳与杨小楼合组崇林社时，谁的戏码硬，谁就攒底演大轴，向来没有争过，而且互作绿叶扶红花，互相为对方充当配角。比如《长坂坡》，杨小楼演赵云，梅兰芳就演糜夫人；《金山寺》，梅兰芳演白素贞，杨小楼就演伽蓝。不但谁的身份也损失不了分厘，而且获得观众的追捧更多。戏界称这种情形为讨好不费力，于戏更是增光添色。您看，这才是真正的角儿，人捧人高、人抬人贵就是这个道理。

再如在《谈饮场》中，作者对宣统年间两个演《玉堂春》的女角儿予以戏谑式讽刺：

> 这两位女脚（角），贫富大相悬殊。一位是天津本地人，好喝茶，她跪好之后（注：指三堂会审，有坐死的《祭塔》、立死的《祭江》、跪死的《会审》一说），一起唱工，检场人就给送上一个大的茶壶，白铁所制，径约六七寸，高约七八寸，即是铺子中，厨房所用者。该旦脚（角）唱两句，就低头，对着嘴喝一口。她喝一次，观众就乐一回。又一次，是一位极阔的苏三，她跪好之后，即由二人，端上两个小楠木桌来，长二尺，宽一尺，高约六七寸，一个桌上摆着一面镜子，及许多洋瓷玻璃瓶罐，其中都是化妆品；另一桌上，是摆着两个很精致的茶壶，一个瓷的，一个银的，几个茶杯。苏三唱两句，就扑一次粉，涂一次口红，饮一回茶。真是一个穷得要死，一个阔得要命。请问：世界上有这样自由的罪犯么？

一针见血，辛辣至极。

齐如山先生之所以不由恒蹊（无论为学、为文，都不走寻常路，注重创新）、著作等身（新编、改编剧本40余出，戏剧专著30余种，写了近千万字），就是源于对京剧的热爱。当时社会上有两种人围着戏转，一种是“捧戏”的，捧角儿、办堂会，一掷千金；一种是“蹭戏”的，围着戏班子转悠，蹭饭吃。齐如山先生两者皆不是，用他自己的话说："我是吃饱了来的！"他对京剧所做的一切，是发自内心的热爱。

齐如山先生说过："无论什么时候、什么地点，我是逢人便问。每逢看戏，我在后台，总有人来围着说话，他们很愿意告诉我，关于衣服、盔帽、勾脸、把子、检场、音乐等。只要他们不忙，我就坐在旁边问长问短，都是勤勤恳恳告诉我。"然后，齐如山先生把所有听来的话，不管合理与否，总要一段一段地研究。研究之后，再归纳，再断定，再与各名角儿审查其是否还有疑义。经过这样一个去粗取精、去伪存真的过程，才算把材料整理好，再开始动笔。试想，没有这样的勤奋、思考，又何来成就斐然、艺苑流芳？

读《氍毹留痕》，明事故，览戏界风云变幻；晓人情，观名伶绚丽多姿。鬓边海棠依旧，竞逐氍毹风流。

（原载2020年4月11日"中华书局1912"微信公众号，作者系中华书局党群工作部员工）

侧看缘来好峰多：葛兆光海外学术论著评论中的通人之学

张　伟

葛兆光先生是一位具有宏阔学术视野和透辟学术眼光的通人。在孜孜不倦地进行本土学术问题考察和研究的同时，他将视野时时投向海外，通过广泛的跨域对话，深度参与最前沿的学术争鸣，别求新声于异邦，诚望杰构于来者，进而生发出新知，碰撞出火花。由中华书局新近出版的《侧看成峰：葛兆光海外学术论著评论集》（以下简称《侧看成峰》）一书，就是他这一长期努力和成果的体现。

诚如葛兆光先生多次引用歌德的名言所强调的，“只知其一等于一无所知”。晚近以降，“中国问题”不再简单。这里的中国问题，也许是古人不曾思索过的，也许是古人思索过而无从解答的，却是近代以至今天的中国人所必须直面和回答的。在撰写完成三卷本《中国思想史》后，先生在后记中写到：

我们面对的世界太复杂，个人经验都并不能够圆满解释一切，现在的人已经不像古代中国的哲人那样可以执一御万了，因为那个时候，人也简单，心也简单，每个人都充满了完整解释世界的信心。可是，现在我们向前看的未来和我们回头看的历史，似乎都太幽深暗昧，这种幽深暗昧是一种不确定性，它给我们提出了更多的问题，也始终提醒我们不要太轻率的自信。

正是有见于这种幽深暗昧和由此带来的不确定性，葛兆光先生不断地开拓研究的新视野：从周边看中国、从“民族国家”的视角理解中国、从异域之眼中发现中国。文献的版图不断延伸、学术的对话场不断扩大、学科间的壁垒不断被打破，一种强烈的通人意识贯穿于先生大多数的论述之中。《侧看成峰》，无疑是这个书单中的优秀作品。

从第一篇对卜正民主编的“哈佛帝制中国史”系列中译本的评述开始，葛兆光先生首先揭橥其一贯秉承的“站在近代中国问题研究延长线上”的四个研究角度，即“时间缩短、空间扩大、史料增多、问题复杂”，这也奠定了整本书全部论述的基调。正是沿着这条延长线，很多本不成问题的问题成了问题，很多很成问题的问题不成问题，并且进而很多文献资源重新进入了学术视野，各研究领域的学科畛域被模糊化并趋近于消弭，思想史、文学史、政治史、文化史、民族史、外交史甚至艺术史、图像史等等，都可以而且应该熔为一炉。于是，问题被高度复杂、同时也被高度充实了。《帝制中国史》和许倬云的华夏论述考察了“中国”这一概念和实体的动态发展过程。于是，本来似乎不是问题的“谁是中国”的问题成了问题，是乃为“问题复杂”。而这种“问题复杂”显然具有更高的指导意义，这种指导意义体现在：一切为了揭示复杂的历史场景和思想世界的复杂样态而服务。于是我们看到，原本游离于传统阐释场域之外的所谓“边缘文献”，被赋予了独立而重要的史料价值：

> 除了寒冷气候对于北方游牧民族迁移和南侵的影响外，我们的通史著作并不那么注意环境与气候在政治史上的意义，卜正民所写的《元明》一卷，却用“小冰川时代”这一因素，贯串了整个13世纪至16世纪的中国历史。尽管这套通史中所谓“小冰川时期”与竺可桢的说法有些差异，元明部分关于“小冰川时代”（13世纪到15世纪）与宋代部分对于“小冰川时代”（10世纪末到12世纪）界定也有些冲突，有的证据（如用明代绘画中的《雪景图》证明气候变化）也多少有些疑问，但是，把这一点真正有效地运用到历史研究中，并作为政治变化的重大因素，确实是令人大开眼界，也使得历史本身和观察历史都变得复杂化了。

一种全新的却是鲜活的中国史的考察和写作范式从一开始便呈现在读者眼前。

《置思想史于政治史背景中》纵论余英时《朱熹的历史世界》一文在思想史研究中的典范意义：从《传灯录》《道命录》《学案》到晚近以来受西方哲学史及斗争哲学理念影响的一系列思想史著作，大都深受宋人建构的道学谱系的影响，从而，丰满的历史躯体弱化为骨感的概念修辞，复杂鲜活的历史现场简化到黑白分明的路线斗争。对此，葛兆光先生在评艾尔曼《从理学到朴学》一文中有一个精彩的妙喻：

> 他们笔下的思想史或学术史好像总是“悬浮”在白纸黑字之间，读者所看到的那些哲人或学者就好像汤碗里的死鱼而不是水里的活鱼，不明就里的读者睁大了眼睛恍然大悟：哇，鱼原来是和葱姜一道横躺在汤碗里的！当他们再度听到“鱼儿离不开水”这句话的时候，可能就会立即联想到鱼安然地卧在汤碗中的情景。

思想史在主题凸出或框架优先的写作模式下，变得干净、纯粹却贫血。于是葛兆光先生追问：是遵从和将就那个来自西洋哲学的概念工具“哲学”来“脉络化”宋代思想，还是应该根据历史和文献“去脉络化”，重新写一个宋代思想史？这是一个事关思想史和学术史的大问题。因此，寻绎系谱的生成，进而“去系谱化”，再依赖更充分的来自历史现场的文献依据和多元的观察视角“重建系谱”，就成了摆在当代研究者面前的使命。《朱熹的历史世界》正是在这一点上，树立了典范意义。于是，葛兆光先生在结语中问道：如何建构贯通思想、学术、政治和社会史的“新思想史”？

正是出于对长久以来单一角度审查思想世界写作路数的反动，葛兆光先生对建构新的论述框架的努力总是赞赏多于质疑。如对包弼德的《斯文：唐宋思想的转型》从文学史角度出发考察思想世界即是如此。

在对传统中国及四裔关系问题的考察上，如夫马进的东亚外交史研究、吉开将人的苗族史研究、约瑟夫·洛克的云南纳西族研究，不管是在研究方法上，还是论述理路上，都印证了葛兆光先生“空间扩大”“文献增多”的理论；文化史是最接近复杂历史现场的书写领域，也是最需要“打通”意识的写作领域，葛兆光先生在阅读《法国文化史》后撰写的笔记及对常盘大定等的中国文化史迹考察的述评中，提出了文化史与思想史互即互入的观点。附录中的读书笔记及史料解读同样是精彩的、充满问题意识的，展现了葛兆光先生自由游弋于东西洋文献的能力和左右采获、触类旁通的余暇和快乐。

读完本书，如果说用几个关键词来总结的话，那么显然，“强烈的预流意识”“清晰的求真意识”和“自觉的通人意识”无疑是应被注意到的三点。这三种意识统一于葛兆光先生的评论文字之中，而最终归结于“通人之学”。

因为强烈的预流意识，所以对海外的汉学研究始终报以热烈的关照，施以敏锐的观察，加以热诚的绍介。当然，也不乏冷静的质疑和批评。因为清晰的求真意识，故就治学之体言，须首先承认问题之复杂（不受古人的、近人的、今人的，古已有之的或舶来的框架影响），就治学之用言，欲解决此复杂之问题，则不妨亦理应广泛运用各类研究方法、占有更多的史料文献，在更广大的空间上考察问题。先生一贯标举的“本无畛域”“拆了门槛便无内无外”，正为此下一注脚。又因为自觉的通人意识，才能超迈于各类既定的研究框架之上，将各种主观上画地为牢的自我束缚解除，以一种“举头天外望”的学术魄力和“活泼泼”的学术生命的活力，重新确立主轴和路标、边界和轮廓。在这个人文科学讳言“打通”，沉稳以至于沉闷的朴学风气劘切一世、通人之学似乎敻焉绝响的时代，人文科学更需要深沉、温情的学术关怀，更需要目光锐利，足以照映一世的学术眼光，更需要关注大历史、提出大判断、解决大问题的气魄和勇气。葛兆光先生，显然是一位真正的通人，其学亦为真正的通人之学。

（原载2020年9月23日《中华读书报》，作者系中华书局学术著作出版中心编辑）

西医是怎么来到中国的

吴艳红

近代西方医学来华已有两百多年。苏精教授《西医来华十记》主要讲述西医来华第一个百年（19 世纪初至 20 世纪初）相关的人与事，尤其聚焦于引西医入华的主要群体——传教医生——的事迹。今天，西医在医疗卫生体系中占据主导地位，西医东渐的前尘往事值得我们了解。

解剖学说进入中国

两百年前西医在解剖生理学方面取得长足进步，英国人合信编印《全体新论》一书，将解剖学理论系统介绍到中国。该书一版再版，还有中国人的多个翻刻本，其中两广总督叶名琛之父叶遂翁的翻刻本最精，合信赞不绝口，甚至购买一套寄给伦敦会珍藏纪念。合信本加翻刻本，总共有超过 1 万册《全体新论》在中国各处传播流通。思想家王韬多次购买赠送友人，可见解剖学这一新学说在当时中国知识阶层是很受欢迎的。

然而，在实践层面，中国人普遍囿于传统文化“死者为大”的观念，忌讳解剖，如上海第一位中国人西医黄春甫进行小手术和医治内科疾病的能力无可挑剔，虽对《全体新论》等解剖学医书揣摩纯熟，却因害怕操刀，没有基础性的解剖经验，在专业路上行之不远。医界尚且如此，遑论一般民众了。

不过，这并不影响中国病人接受手术治疗。西式医院设立了诊所和住院部，进行手术的病人络绎不绝。1831 年，就有中国病人何鲁在传教医生帮助下远渡重洋至英国，手术治疗腹部肿瘤。尽管何鲁终因失血过多抢救不及而死在手术台上，但这个 1831 年上过顶级医学期刊《柳叶刀》的中国病人印证了西医初传时颇受国人信赖的事实。

西医的治病优势

19 世纪初，西医能治疗中医并不擅长或束手无策的病症，如眼疾、刀枪伤害、口腔病、皮肤病、肿瘤、鸦片烟瘾等。传教医生伯驾在新加坡行医日志中记载了华人对于西方医学的反应：很少有人会拒绝内服药物，但相当恐惧较为陌生的外科手术，连简单的抽血也觉得很严重。一名眼睛长翼状胬肉的病人，甚至在动手术前吓得两度昏厥过去，有些病人则担忧拔牙后如何能够止血，至于害怕在眼前晃动的钳子和手术刀更是常见。有位叫希武的病人三年前受了枪伤，子弹留在手臂，伤口还有脓肿，遍请华人医生都束手无策，伯驾在数分钟内即取出子弹。伯驾为一名商人的牙槽突起进行手术时，几名华人在场观看他动刀的经过，对他的医术大为惊服。

天花是当时相当流行的传染性疾病，死亡率高，中国人深受其害，时见瘢痕斑斑的脸。牛痘于1805年传入中国，中国人起初不知或不愿接种西方来的牛痘，宁可继续使用中国传统的人痘接种，后来在合适的宣传、良好的效果和政府的推动下渐渐打消了顾虑。上海牛痘局开办后，接种人数大幅度增加，黄春甫30年间经手施种牛痘的孩童在15万上下。

新式医院与学校

西式医院、护士学校、盲人学校等等，是近代中国受西医影响的成果。来自英国的传教医生雒颉开办了上海第一家西医院仁济医院，尔后开办了北京施医院（协和医院前身），二者皆存续至今。传教医生创办的西式医院有免费施医的传统，病人数量短期内即呈井喷之势。仁济医院在笪达文任院长时进行改革，建立病人付费制度，对穷苦人仍免费，成为“半慈善半自费”性质，进而改善医院空间与环境，向积极有效经营与注重服务品质的现代化医院迈进了一大步。

在病人越来越多、专业化程度越来越高的情况下，传教医生雇用看护工充当助手的做法越来越不合时宜，来华外国护士也不敷需求，这些因素催生了中国护士教育制度。外国护士积极推进中华护士会的成立，西医院开办护士学校。1913 年，中华护士会公布全国一致的护士证书会考规则，其中规定考生必须在中华护士会认可的护士学校毕业，修完规定的理论与实务课程，持有护校颁发的毕业证书者才能应考，考试及格者获得护士证书。护理学作为一门专业技能，向着国际化方向靠拢。

近代中国国力衰微，普通人的人身权利很难得到保障，残障人士更是备尝艰辛。广州盲女沦为歌妓的遭遇引起了女传教医生赖马西的同情，进而发愿创办盲女收容所。其时，教会组织并不支持赖马西的想法，认为经费有限，要选择最有助于传教的事来做，而盲女无法对中国人发挥影响力，必然成为布道站的负担。赖马西并未退缩，凭借一己之力，以超常的韧性创立盲女收容所，并使之转型为具有教育性质的学校——明心书院，教盲女学习知识与技能以自食其力。学生毕业后，有的从事传教、教书工作，有的在护士学校教按摩，有的继续深造，还有的靠在学校习得的编织技能养家，甚至出现了盲女教明眼人阅读的奇异景象。作为广东第一所盲人学校，明心书院的意义和成就值得我们铭记。

国人对西医的反应

从施受双方来看，西医来华史的重要一环毫无疑问是传教医生，另一环则是接受西医的中国人，而中国人西医和西医学徒则直接参与了西医来华的历程。他们积极吸收西方医学，在传统与现代的夹缝中迂回前进。中国第一位留英医学博士黄宽学成后回国，作为传教医生为同胞提供专业的医疗服务，却因允许助手“吃花红”被所在教会指责，心灰意冷地退出传教医生队伍，此后在医学教学领域有所作为。

上海第一位中国人西医黄春甫学徒式的医学教育和忌讳解剖的文化心理，导致他在西医基础训练方面的不足，英文能力的欠缺让他难以学习医学新知，但他以持久的热忱奉献于医治病人和种痘防疫，积极参与社会慈善活动，社会影响力巨大。他对中西医结合的教育模式亦有所思考。

免费接受西医治疗的中国病人，以朴素的方式表达对医生的感激之情，有的病人给医院送来土产，有的痊愈病人赠送匾额致谢。在上海仁济医院期间，雒颉至少收到过“道宗基督”“神医妙手”“德泽万州”“春暖江城”“杏林春暖”等五方匾额。在北京施医院期间，“最热闹的一次送匾行动发生在1862年10月21日，多达五十名康复的病人联名赠匾，一大群人带着匾额先在北京城里游行一圈，还雇了乐队沿途吹吹打打，又请人拿着旗帜随队助阵，最后将匾送到施医院张挂”。传教医生一般乐于接受中国人这种铭谢医生的传统文化。医患互动良好，也是西医在中国迅速发展的动力。

《西医来华十记》利用一手史料，即来华西医及学习西医的中国人的书信、档案、报告，兼及医院年报、中英文报纸等，讲述了西医来华的历史故事，展现了近代中西医学交流的复杂情形。西医从通商口岸一步步深入内地，19 世纪末就在中国站稳脚跟，闯入中国人的日常生活，改变了中国人的卫生习惯与医疗制度。可以说，这本书触及的是医史上乃至中国现代化历史上的一个重大题目。同时，作者平平实实写出的一个个故事非常动人，一个个人物都散发着光彩，予我们以感动和启迪。

（原载 2020 年 9 月 9 日《中华读书报》，作者系中华书局上海聚珍文化传媒有限公司编辑）

学林散叶

一位民国时期图书编辑的日常

杜艳茹

技术革命带来全新的体验，互联网和直播可以拉近彼此的距离，从而使读者可以直观地了解编辑的工作状态和即将上市的新书。那么，在书业方兴未艾的民国，一个编辑的日常又是怎样的呢？幸好有《王伯祥日记》，可以为我们展现一位资深图书编辑的世界。

王伯祥（1890—1975），苏州人，1922 年入商务印书馆工作，1932 年转至开明书店，先后任商务印书馆史地组编辑，开明编译所编辑、秘书，直至 1950 年开明书店开始公私合营，于 1953 年转任北京大学文研所。在长达 30 年的编辑生涯中，王伯祥编辑、编写、审定了许多作品，其中不乏名篇巨著。

编辑的日常

王伯祥在商务印书馆十年，任职于编译所史地组，主要工作是负责中学本国史教科书、本国地理教科书的编写。史地教科书必须与当时的行政区划、最新地名等相衔接，所以逐年不是修订便是重编——既要采择史料，不遗漏重要事件，又要言简意赅，把史实压缩到篇幅有限的教科书中，内容选材与文字组织都颇费思量。因此每年的工作既枯燥又繁重，王伯祥在日记中经常是一笔带过，不过有时候也会记录当日工作的具体内容，例如1924年的日记，我们摘录几条：

> 2月1日　依时入馆编史。将第五编写完，交由经农寄出，心为一宽矣。第四编已由适之校过寄来。改动了明一章，“宋理学及明理学”，删去了一章，“家族制度的拥护”。
>
> 2月21日　依时入馆，校印稿八十页。全书的中册已排完，下星期当可出版。虽不见怎样有趣，究竟拙劣的蛛网上多了一条丝，总该快活的。所以颇望早些出版。
>
> 2月22日　依时入馆编史。中册的清样已签好，目录亦复编讫交出。应插地图，也开单交由出版部注意了。
>
> 3月4日　依时入馆工作。将《本国史》第六编

交经农，全部已完。明日起，将续编《本国地理》下册矣。

《本国史》刚刚完成，又要赶工《本国地理》了，教科书编辑可真是不清闲！那句“虽不见怎样有趣，究竟拙劣的蛛网上多了一条丝，总该快活的，所以颇望早些出版”，大概很多同行看了都会感同身受吧。

在日记中偶尔吐个槽也是有的：

1924 年 1 月 24 日　依时入馆编史。将第四编后、第五编之六章并交经农先阅。盖岫庐又以送第二批至京顺催第一批稿为辞，来催促也。馆中他无所苦，独有看人作器辄相敦迫为可厌耳。

每日“依时入馆”，按时打卡，也是王伯祥的职业操守的体现。在民国时期做编辑，一周要工作六天，迟到、早退、请假可是要被扣钱的，这一点虽然日记中没有直接的记录，日记本里的收支表记得可是一清二楚，例如 1934 年：

2 月 5 日，扣病假两班，计 1.55 元；

3 月 20 日，扣去一班，计 2.58 元。

做编辑首先要有和作者洽谈沟通的能力，并站在出版者角度提出合理的建议。吕思勉先生的史学名作《中国通史》，就和王伯祥的认真负责密切相关。据日记，1939 年 7 月 8 日，“接吕诚之先生信，有《中国通史》欲交开明印行，俟商后答复之”。1939 年 7 月 10 日，王伯祥“复诚之，告开明愿以版税报酬接受其《中国通史》，但名称最好改署，俾免与周谷城著冲突”。周谷城《中国通史》也是在开明出版，印行于1939年，亦由王伯祥编辑，因此王伯祥向吕思勉提出了更改书名的建议，9月22日，“致诚之，商书名改为《中国文化史》”。但是，吕思勉未采纳，因此之后出版时仍用“中国通史”命名。可能是双方合作比较愉快，1940年1月9日日记中写到：“诚之来，谓《先秦史》将由商务收回交开明出版。”之后，吕思勉先生的《先秦史》《秦汉史》《两晋南北朝史》也交由王伯祥编辑出版。

当作者有继续创作的欲望时，编辑尤其要给予鼓励，1949年8月24日日记中写到：“诚之一昨书来，谓隋唐五代之部已有成稿，询仍能照前约否。今后之仍请照约履行也。”10月14日，王伯祥与吕思勉有了面谈的机会，“下午二时半，诚之、宽正、焕章来访，长谈至四时许始去。余竭力怂恿诚之完成断代史全部”。五代以后的《宋辽金元史》与《明清史》两部，吕思勉其实也已做了许多准备，但由于身体、环境等原因未能成书，他计划的这部“理想的中国通史”也就没有全部完成，据王伯祥日记：

> 1952年1月31日　接廿一日诚之上海信，告断代通史决依属截至五代止，惟交稿尚须年余耳。
>
> 1957年10月15日　接上海吕翼仁柬，告乃翁诚之先生已于九日九时寿终，十三日下午二时在万国殡仪馆大殓云。史学耆宿，又弱一个，不禁惨痛久之。

顾颉刚曾评价道："吕先生通史稿积叠已多，如能年出一二册，则五六年可毕。此书一出，邓氏《二千年史》自然倒坠。"吕思勉以一人之力，撰成多部通史与断代史，十分不易，而其著作自首次印行后就风靡学界，不断重印。1957年10月9日，吕思勉先生逝世，王伯祥获悉这一消息时十分痛心。那时王伯祥已经离开了开明书店合并改组之后的中国青年出版社，而《隋唐五代史》已经写作完成，真正出版要等到两年后由上海中华书局印行。

与作者谈稿酬也是编辑的工作之一：

> 1943年3月10日　复诚之，约编两晋南北朝以次各史，拟千字酬卅元为稿费，征询同意。

催稿也是一个合格编辑的必备技能。比如王伯祥编辑吕思勉《中国通史》时，就没少催，而且有时还要催得比较巧妙，避免作者厌烦。比如寄送校样时，可以顺催下一批交稿时间；作者收到稿费后告知编辑，这时也可以顺势一催；收到作者近况来信，编辑关心慰问之余也可以一催：

> 1940年2月27日　校毕诚之《中国通史》上册，作书送之，请速作下册。
>
> 1940年3月26日　致诚之，送新出版《中国通史》上册十八本去。顺催稿。
>
> 1943年7月19日　寄诚之，询起居兼慰其夫人疾，并探稿有无段落。

除了催作者，在流程上也需要催上下游环节，比如，1924 年 8 月 13 日，上下午均往图版股催询《地理》插图；1924 年 2 月 16 日，排印房迟迟不送校样，“催之久”，始将毛样送达王伯祥处。如若不催，便十分耽误进度。

对于重要图书，在上市之前，编辑还要拓展营销途径。《二十五史补编》在上市前，早已在各大报刊上打出了征订启事，而为了向国际推广，王伯祥于 1935 年 10 月 15 日还写信给贺昌群，托其留意抄录国外学术机关名称地址，这营销功夫并不比当今同行花得少。

编书基本功

王伯祥入职商务的时代，正值编辑出版的繁荣时期，除最有名的《万有文库》外，还有《新时代史地丛书》《国学基本丛书》《东方文库》等。本馆的编辑，凡力所能及者，均是组约稿的首选。仅王伯祥个人在商务的十年中，就编写了不少丛书选题，如《太平天国革命史》《中日战争》《郑成功》《三国史略》《晋初史略》等，还选注有《三国志》《文心雕龙》。迫于家累，王伯祥勤奋地利用业余时间撰稿，有时连周末也不休息，十分辛苦，1925 年 1 月 19 日日记写到：“依时入馆工作，夜间又继续编史，直至中宵二时才睡，凡得书二节半，计三千言。”

秉着认真负责的态度，王伯祥撰写时不愿敷衍，极为认真，比如预备选录《五代史》，1925 年 7 月 7 日写到：

“我意，须统看一过，然后选录也。如能好好地整理一下，必较陈陈相因之教科书为有意义，只恐时日太促，未克满志耳。”

好在商务付酬比较及时，最快可以做到交稿当天付酬，略慢则第二、第三天必付，而王伯祥也可以根据每次撰稿的字数计算出应得稿酬，日记中可以见到一手交稿一手得酬的记录。此外，王伯祥还抽空写作各类刊物的约稿文章，长短不拘。在“九一八”事变之后，王伯祥愤懑时局，写有《九一八事变以来的一周年》，据1932年8月26日日记，其文“将与息予《沪战记》合出单行本，别有人供给照片。将成版税，即作三分开派”，据收支表，1933年6月1日收到了这笔稿费，计12.80元。“予生平第一回版税书，乃在出卖国难，思之可痛，亦弥复自怜矣。它日有所入，不将刻之警予耶”，以国难换稿酬，日记中这段话真实描绘出王伯祥当时复杂的心情。

编书固然有为生活所迫的因素在内，但也是兴趣所致。之后王伯祥生活有所好转，在开明任职甚至在新中国成立后，出于自身兴趣和能力，亦编选、写作出不少好作品，如《春秋左传读本》《史记选》《增订李太白年谱》等。尤其《史记选》，是迄今为止《史记》最好的选本之一，仍在不断重印，这种成就与他做编辑时的积累和勤奋是分不开的。

策划出版《二十五史补编》

1932年春，王伯祥由商务印书馆离职，加入开明书店，被夏丏尊和章锡琛选中，担任开明编译所秘书，其工作时间主要处理办公室的各种日常事务，拟呈文、公文，收复信件，准备与安排各种会议，并做会议记录和整理等等。上完一天班后已是精疲力尽，加之患有神经衰弱，晚上加班赶稿，经常导致通宵失眠，因此实无心力继续伏案撰述。但王伯祥始终放不下史学研究方面的兴趣，总想在繁杂的行政事务之外，在学术上有所建树。他在开明定期的业务会上，提出了不少策划构想，例如将原有的《九通》，加入刘锦藻编集的《清续文献通考》而成《十通》影印出版；将原有的《二十四史》，加上柯劭忞撰《新元史》，成为"二十五史"；重新印行《图书集成》《太平御览》等。

这类计划多被采纳，但最终命运各有不同。《十通》的出版消息被商务得知，抢先出版了，开明自然也就无力抗衡。据1938年4月7日日记，《十通》出版后，王伯祥曾置办一套，晚饭后即开始翻阅。而《太平御览》，据1937年6月6日日记，"预约样本亦弄好矣，七月一日将发布之"，结果因抗战爆发，未能全面印行，十分可惜。

真正付诸实施并赶在全面抗战爆发前出版印行的，只有《二十五史》和《二十五史补编》。开明书店的《二十五史》虽为影印，但也在版式上特别考虑，以使《新元史》

与《二十四史》在缩印之后能配套。王伯祥并为每一史编有详尽的参考书目，为读者进一步治学提供方便之门。

《二十五史补编》出版过程更为艰辛，自1935年开始编集，系王伯祥与助手周振甫、卢芷芬等共同攻坚，使用二十五史补编委员会的名义推进。原本计划做影印，以节省排校成本、避免差错，但因核算成本过高，且与征订时的定价大大不符，至1935年9月初改为排印。为了赶进度，往往白天忙事务性工作，晚上从事校对，极为辛苦，日记中记录下了该书从筹备、险些流产、编集目录、题辞，到改版、编校、上市的全过程，甚是不易：

1935年1月10日　准备购书，为出刊《廿五史补编》事。

1935年1月18日　编毕《廿五史补编》目录。

1935年2月10日　雪村来，谓……《廿五史补编》打消，予闻而大愤，颇萌去念矣。

1935年2月11日　饭后到公司，与晓先诸人辨《廿五史补编》不当中辍，就法理，就事实，两皆折之，彼竟无言矣。

1935年2月13日　雪村仍进行《补编》计画，只要不再有人作梗，或可早日发售预约也。

1935年3月5日　晚饭后访乃乾，晤之，出《补编》目录示之，承补正多处，并许明日写寄。

1935年3月7日　接鞠侯信，《补编》目录定矣。

此目易稿数四，今乃得假定，不能不感诸友之协助焉。

1935年4月24日 上午九时半与雪村、圣陶、索非往跑马厅国际饭店访适之，谈至十二时半乃别。话甚恳切，允为《补编》题辞。适之与孟真俱尚念旧，予向以阔人视之，不愿通问，遂致疏远。今因《补编》事勉与周旋，孟真则复信甚挚笃，适之亦接待至殷勤，予至此，不得不自恨过介，错怪他人矣。

1935年7月5日 议定《补编》各表重排格式。

1935年8月30日 午后雪村综检《二十五史补编》页数，达六千四百余页，超出原定页数五分之二，甚窘。若令定户加价，一无可说，若听其自然，须加装两册，费用不赀，竟大耗蚀矣。事虽不决于予一人，而定议之际，予持之最力，一般责难，其将焉逃，闷损极矣！……

1935年8月31日 致书经协理及三处所主任，为《补编》溢量事引咎自劾。午后因开二十五史刊行委员会，议定补救办法，全书加装为七册，惟一律改排版，免铸锌版。一转移间，尚可拉平，惟出版不免延迟，而校对亦须加工进行耳。

1935年9月5日 依时入馆，为《补编》改排印事通函各定户。盖截至目前，已溢出七千页以上，增加一册亦难容纳，为顾全成本计，不得不一律改为排版也。荷荷！

1935年12月20日　颉刚书来,《补编序》已寄到，甚好。快慰之至。

1936年1月14日　上午写出《补编凡例》，第一册之编校工作完成矣，只欠印装耳。心头为之一松。

1937年6月6日《廿五史补编》精装本及《清名家词》均已出齐，予亦取得，携归插架，日来快事，宜无过于此矣。

此外，由周振甫、卢芷芬二位编了一部《二十五史人名索引》，作为《二十五史》和《二十五史补编》的附属，造福学林。三书均由王伯祥敦请前辈学者、同学章元善之父章珏题签、题词，言简意赅地揭示了三书之价值：

上海开明书店汇印《二十五史》，用锌版缩成九册，又附参考书目、人名索引。取价既廉，并定分期付价办法，为今之读史者计，盖亦至矣。复以诸史中以书、志、表、谱为难读，实为讲史者最重要部分，此类著作散见丛书本、单行本、新出本，一时鸠集，谈何容易。于是复辑印成《二十五史补编》一书。寄示拟用书目，盖服其用意之盛与取材之博，诚能于本史之外随时取给。于是则凡考求治迹者，固可启发聪明；整理旧文者，亦可别寻途径。循是为之，于吾宗实斋《通义》所谓“辨章学术，疏通伦类，以考镜历代得失之故”者，庶几见之。固不仅书、志、表、谱之得所津逮也。便莫便于此，要莫要于此。

凝聚了大量心血的《二十五史》《二十五史补编》和《人名索引》，经过不计寒暑疯狂赶工，终于在抗战全面爆发前全部出版了，而《补编》与《人名索引》的纸型一直保存到了解放之后，中华书局1955年重印出版时曾用过。

近代以来，学术界的兴盛离不开出版人的努力，而文字绵密的《王伯祥日记》是目前为数不多的反映近代书业发展、出版人与学界密切交往的一部重要史料。王伯祥编辑生涯长达30年，其文史功底扎实，学界交游广泛，日记中留下了十分丰富的编辑出版工作信息，为我们勾勒出民国时代一个图书编辑的世界，文中所引仅为冰山一角。作为一个为他人做嫁衣的职业，王伯祥投入了极大热情和长久付出，严谨认真，经其手出版之作品，不乏流传后世之名作。他的编辑出版经验、眼光和判断力，至今仍有值得借鉴和学习之处。

（原载2020年7月1日《中华读书报》，作者系中华书局近代史编辑部编辑）

赵万里与古籍整理出版

齐浣心

赵万里是我国著名的古文献学家、目录学家。抗战时期，与郑振铎等人抢救、保护了大量古籍、文物，中华人民共和国成立后，担任北京图书馆（现国家图书馆）善本特藏部主任，多次南下浙江、江苏等省访书、收书，为丰富北京图书馆馆藏作出巨大贡献。

1958 年 2 月，国务院科学规划委员会在北京召开古籍整理出版规划小组成立大会，小组组长由齐燕铭担任，小组办公室主任为中华书局总经理金灿然，赵万里与叶圣陶、何其芳、陈寅恪、郑振铎、翦伯赞等 19 人担任古籍小组成员。自此以后，我国古籍整理出版工作进入了全面规划、统一部署的新阶段。赵万里在担任古籍小组成员期间，为我国古籍整理出版事业做了大量工作，现择其一二记之。

参与起草文学古籍规划

担任古籍小组成员期间，赵万里承担的一项重要工作就是参与起草、拟定我国第一部古籍规划。

1958 年 2 月 9 日古籍小组成立，在此之前，古籍小组成员即在文学、历史、哲学分组召集人的统筹安排下，初步拿出了各组的古籍规划，提交大会讨论。三天会议期间，小组成员及来自全国各地的古籍专家、学者畅所欲言，对古籍工作、古籍规划都提出了宝贵的意见。小组成立大会后，各组吸收专家的意见、建议，对古籍规划进行调整与完善。

1957 年 12 月 30 日，古籍小组成立前文学组召开座谈会，古籍小组办公室主任、中华书局总经理金灿然，文化部副部长、中国科学院文学研究所所长郑振铎及副所长何其芳，古籍小组成员及文学分组成员罗常培、魏建功、余冠英、钱钟书、游国恩、孙楷第等人参会，会上议定郑振铎、王伯祥、赵万里三人负责草拟文学类古籍规划。赵万里与郑振铎，二人是多年好友，彼此对对方的学识都十分了解，郑振铎十分信任赵万里，1958 年 1 月 3 日，与赵万里等人为拟定文学古籍规划一事即进行了充分沟通。据郑振铎日记记载，“伯祥、万里来，一同起草科学规划中的关于文学古籍的翻印、整理计划。拟出了一张 356 种的书单，又在其中选出最重要的作品 100 余种，必须加以精选的读本 52 种，以及内部资料的目录 16 种。”这时拟定的规划，正是要提交古籍小组成立大会审议的文学古籍规划，时间紧任务重，以小组成员、文学组召集人郑振铎一人之力是很难在短期内完成的。因此,赵万里等人的“加盟”，让郑振铎如虎添翼，郑振铎在上述日记中随后感慨道：“这个工作（拟定古籍规划），到下午五时告成。集体合作，是其主要的精神所在。”古籍小组大会上，郑振铎与翦伯赞、潘梓年分别就文学、历史、哲学古籍规划的编纂情况进行说明，并提交古籍大会讨论。

在古籍小组大会期间，同为古籍小组成员的徐森玉从上海赶来，9 日中午，赵万里陪同徐森玉等人到郑振铎寓所午餐。赵万里与徐森玉在北京图书馆曾经共事，当时赵万里在版本目录学家徐森玉的指导下迅速成长起来，很快成为一名经验丰富的版本学家，随后，他经手、过目的善本数十万部，这可以说得到徐森玉真传。赵万里在图书馆工作前后有 50 年,历任中文采访组组长、善本考订组组长、善本部主任、善本特藏部主任等职。这些经历、经验，在赵万里担任古籍小组成员后，为其开展古籍整理工作，提供了极大帮助。

小组大会结束后，3 月 3 日、4 日、8 日，郑振铎又多次将赵万里等人召集到一起，商谈共同修改文学古籍规划之事。其中 8 日的古籍整理小组文学分组座谈会，到会 16 人，有齐燕铭、郑振铎、金灿然、徐调孚、邢赞亭、孙人和、章行严、钱锺书、余冠英、吴晓铃、叶圣陶、王瑶、林庚、王任叔及赵万里，会上众人共商文学类古籍规划书目，决定就新修订者付印，然后分寄各方征求意见。19日，郑振铎与赵万里两人共同把文学书目再行整理一番，并定出1958年的计划。至此，文学古籍规划基本成型，可以说这个规划的制订，郑振铎与赵万里用力最多、功劳最大。

开展古籍整理出版工作

赵万里早年师从吴梅习词学，对词籍“搜讨特勤”，曾校辑宋金元人词并出版，后又将所收藏的元椠精抄名家词集十种影刊行世，其中包括明刻南唐二主词等。也因此，古籍小组成立时，将赵万里列入文学分组。除此之外，赵万里对版本、目录、校勘等都很在行，特别是供职于北京图书馆后，他对目录学、校勘学、版本学等用力更勤，取得的成就更大。古籍小组历史分组拟定的历史古籍出版计划，即收入赵万里的几部历史古籍整理专著，其中《辑本宋元方志六十种》《辑本经世大典》由赵万里爬梳历史资料编纂而成，明代郭淳《东事书》是据赵万里收藏的明天启刻本影印的古籍项目。1958年3月17日《光明日报》刊登了古籍小组历史分组所拟《1958年史部古籍出版计划》，上述与赵万里有关的古籍项目即列入其中。

1959年，赵万里主持的两部书分别由中华书局和文物出版社于当年国庆节前出版，成为赵万里及其同仁献给中华人民共和国成立十周年的礼物。这两部书是《北京图书馆善本目录》和《中国版刻目录》。前者收录了中华人民共和国成立后北京图书馆新入藏的善本古籍，包括少量解放战争时期入藏的善本书的书目，共分 8 大册；后者以图版的形式，按版刻时代和版刻地区编排，系统介绍中国雕版印刷的起源、发展及其特点。1961 年 3 月，《中国版刻图录》出版增订本，所收古籍达 550 种。

担任古籍小组成员期间，赵万里还参与了培养古籍整理出版人才工作。赵万里在北京图书馆一直为员工开办版本目录学讲座，培养人才的效果很好。1961 年，古籍小组办事机构中华书局，曾邀请赵万里给编辑们作一讲座。这次讲座，《史记》整理者宋云彬在日记中这样记载："（1961 年 3 月 24 日）赵万里到中华来讲目录学。"中华书局的工作简报亦有同样记载。当时赵万里的这次讲座因为内容太过丰富，一次没有把内容全部讲完，还讲了第二次。

赵万里作为古籍小组成员、版本目录学家，个人著述颇丰，中华书局曾计划编印、出版其学术论文集。据 1962 年第 4 号《中华书局工作简报》记载："为了推动百家争鸣、繁荣学术，我们计划陆续编印一批现代作家的学术论文集。最近已分别访问或发信联系的有以下二十八位同志……历史方面赵万里。"

1962 年 5 月 25 日，赵万里撰成宋龙舒郡斋刻本《王文公文集》题记,收于中华书局当年影印本《王文公文集》中。1966年赵万里辑录的《元一统志》由中华书局出版。

《永乐大典》的收集与出版

国家图书馆四大镇馆之宝之一的《永乐大典》，是中国第一部百科全书式的文献合集,汇集古今图书七八千种，集中展示了中国古代科学文化光辉成就，史料价值极高，是名副其实的国之珍宝。《永乐大典》是明永乐年间由皇帝朱棣命解缙、姚广孝主持编纂一部集中国古代典籍于大成的超级类书，初名《文献大成》，后永乐帝亲自撰写序言并赐名《永乐大典》。历经王朝更替，饱经战乱、火灾与劫掠，到了清末,《永乐大典》仅有的残存本分散在世界各地的图书馆和个人手中，这其间1860年英法联军侵占北京、四处劫掠，使《永乐大典》遭受重创，此后监守自盗等更是一发不可收。民国时期，赵万里即与一众人对《永乐大典》开展了保护与收集工作，但直到中华人民共和国成立后，赵万里供职的北京图书馆的回收工作才是卓有成效的。《永乐大典》的收藏十分不易，能够整理出版与读者见面，更不易，而《永乐大典》的收集与出版，赵万里皆功不可没。

北京图书馆通过各种方式收集《永乐大典》，从一百一十册增加到二百一十五册，这期间的收购工作，赵万里出力不少，1951年赵万里在北京图书馆主持举办了

《永乐大典》展览，并撰写《〈永乐大典〉展览的意义》一文。1956 年，赵万里撰文《苏联列宁图书馆送还给中国人民的永乐大典》《德意志民主共和国交还永乐大典的重大意义》两篇文章，介绍了归还后收藏于北京图书馆的《永乐大典》的卷数和内容等相关情况。展览、文章的宣传，起到了引领的作用，一些个人、收藏单位等陆续将所藏《永乐大典》捐赠给北京图书馆。

到 1959 年，在赵万里等人的努力下，北京图书馆收藏的《永乐大典》（包括明嘉靖抄本、历代仿抄本 246 卷），已达 714 卷。保存这些珍贵古籍原件的最好办法就是影印出版。这一年，北京图书馆将所藏《永乐大典》提供给中华书局，中华书局将其与出版社自行收集的复制品及从各方（包括南京图书馆、中国书店及私人手中）征借到的抄本 16 卷合并影印。此次出版中华书局采用了两种方式，一种是依照原式大小印刷出版的仿制本一册，让读者能够得窥原书面貌；一种是 730 卷的整部本。整部本的出版，使得《永乐大典》这一世界著名的中国大百科全书，从此流传得更为广泛，研究工作者参考利用也更为方便。

在中华书局整理、影印、出版过程中，赵万里亦参与其中，与中华书局保持密切联系。1959 年 9 月 2 日，中华书局编辑陈乃乾在给中华书局总经理金灿然、副总经理潘达人的信中，记录了他与赵万里议定影印《永乐大典》相关问题的意见。9 月 4 日，赵万里专程到中华书局与金灿然、潘达人等领导面谈沟通《永乐大典》出版的相关事宜。同年 10 月 8 日，潘达人在给陈乃乾的信中写道："昨陈济川先生交来新收到《(永乐)大典》传抄本四册，为 18764—71 共八卷。今晨与斐云先生（赵万里）研究，他认为应收印在附辑之内，灿然亦同意照此处理。"

《永乐大典》先期赶在建国十周年前出版了第一、第二函，并送呈中央领导过目，得到毛泽东的好评。

整理王国维遗著

赵万里年轻时追随王国维，担任王国维的助手，在清华大学共事，二人是浙江海宁同乡，又有着师生之谊。王国维对赵万里的影响很大，他的离世对赵万里产生了很大冲击。王国维离世后，其著作《海宁王静安先生遗书》经赵万里等人搜集编校整理，于 1940 年由商务印书馆出版。中华人民共和国成立后，《观堂集林》《王国维戏曲论文集》《人间词话》先后由中华书局、中国戏剧出版社、人民文学出版社整理出版。但王国维的著作，并未完全搜罗殆尽，当时，业界专家、学者的关注度很高。因此，1962 年中华书局将编订出版王国维全部遗著列入出版计划，而遗著的编订方案，当时即由赵万里统筹安排拟定。

赵万里拟定的王国维遗著中，拟收入的《元朝秘史地名索引》，为王国维未完成残稿亦未发表，原稿当时收藏在赵万里供职的北京图书馆。拟收入的《东山杂记》《二牖轩随笔》，为王国维笔记二种，1912—1914年在奉天（今沈阳市）的《盛京时报》上发表，但刊发后流传并不广泛，排印错误也比较多，赵万里计划将其校订后一并出版。此外，还拟收入其他散见的王国维手校各种书籍题跋、零星佚诗若干。全集后附有赵万里编撰的王国维年谱，此为修订王国维去世后不久赵万里所撰《王静安先生年谱》。

全书预计约200万字，由赵万里总其成，当时具体分工是童第德、王仲闻断句、校正误字。其中有关小学部分由童第德负责，其他部分由王仲闻负责。童第德时为中华书局编辑，是音韵训诂专家；王仲闻为王国维哲嗣，当时以临时工的身份在中华书局工作。王国维之于赵万里，亦师亦友，赵万里在王国维去世后，编订《海宁王静安先生遗书》出版，编纂了王国维年谱，还整理了《王静安先生著作目录》《王观堂先生校本批本目录》。此次中华书局重编王国维全部遗著，最佳整理者当然非赵万里莫属。

当时这本王国维遗著集准备在次年，即1963年底完成整理并出版，但这项出版计划因种种原因未能完成，直到1984年中华书局推出一本《王国维全集·书信》，未见赵万里总其成的王国维全集面世。

整理郑振铎遗著

赵万里与郑振铎年轻时即相识，在20世纪30年代，二人在做学问方面都惊人地勤奋，在学界有“郑龙赵虎”

的美称，在搜集、保护图书、文物、档案方面，二人更是志同道合。1958 年 2 月二人同时担任古籍整理出版规划小组成员，正是为我国古籍事业做贡献的时候，同年 10 月 17 日郑振铎出国访问途中飞机失事。震惊、悲痛之后，赵万里能为郑振铎做的，就是完成他未竟的事业。

1959 年 1 月 5 日，赵万里致函商务印书馆，告知收到郑振铎《古本戏曲丛刊》序文等资料。1959 年 10 月，赵万里与徐森玉联名向中华书局写信，建议影印明抄本《录鬼簿》以纪念郑振铎。1960 年 2 月 10 日，赵万里撰写的《〈录鬼簿续编〉跋》中讲述了这本书从访书、抄书到出版的整个过程。上世纪 30 年代，赵万里与郑振铎二人相约往宁波访书，在宁波他们发现了天一阁明抄蓝格本《录鬼簿》《续录鬼簿》，将其与康熙间曹楝亭刻本对校时得知其为孤本，“高兴得跳起来”，随即与同行的藏书家、戏曲家马廉连夜开始抄写——赵万里、郑振铎分头抄写上下卷，马廉抄写续编，三人费时一整天最终抄成。到 1946 年，明抄蓝格本《录鬼簿》散出，郑振铎举债将其买下，并写信与赵万里分享此事，赵万里回信说：“愿为一跋以记我三人访书因缘。”1959 年 10 月，郑振铎遇难一周年之际，赵万里和徐森玉联名向中华书局上海编辑所提出建议，希望能影印出版此书，“供研究古典戏曲工作者的参考，并对西谛示悼念之意”。在赵万里的大力推动下，中华书局上海编辑所于 1960 年影印出版了《天一阁蓝格写本正续录鬼簿》，赵万里专门撰写了《〈录鬼簿续编〉跋》一文，载于书内，兑现了当时回复郑振铎信中所许“愿为一跋”之愿。

《古本戏曲丛刊》是郑振铎在上世纪50年代初倡议、策划的一部戏曲作品总集。1954年《古本戏曲丛刊》初集出版，郑振铎在初集序言中对整部丛刊作了设想、规划——每集收戏文、传奇100种，四、五集以下收清人传奇，六、七、八集收元、明、清三代杂剧，及曲选、曲谱等有关著作。“期之三、四年，当可有1000种以上的古代戏曲，供给我们作为研究之资，或更可作为‘推陈出新’的一助。”其后，二集、三集于1955年出版，四集于1958年出版。而郑振铎在完成四集的序言之后，因飞机失事不幸罹难。中国科学院文学研究所把《古本戏曲丛刊》的编印工作承担起来，由赵万里与傅惜华、阿英、周贻白、吴晓铃五人担任编委。1960年，古籍小组组长齐燕铭邀请赵万里等编委和一部分专家，开会商讨如何继续编印，编委也开会商议此事，最终确定了继续编印《古本戏曲丛刊》的几项原则。

此外，赵万里还撰写了若干文章，都是对郑振铎的最好纪念。《谈谈振铎同志搜集和收藏的戏曲书》刊载于1961年第3期《图书馆》杂志。1963年6月，赵万里撰成《西谛书目序言》，概述郑振铎藏书的主要特点，这篇序言刊于1963年第3期《图书馆杂志》。同年10月，赵万里主编的《西谛书目》由文物出版社出版，这部书是郑振铎遗赠北京图书馆藏书中古籍部分的目录，各书著录书名、卷数等。

（原载2020年6月17日《中华读书报》，作者系中华书局学术著作出版中心编辑）

傅乐焕："穷源竟委"的古籍整理

齐浣心

傅乐焕先生是我国著名历史学家，他在辽金史、历史地理等方面的研究，成果卓著，甚至在某些领域，比如对东北民族史的研究、对少数民族成分的识别等，均有开创之功。

新中国成立以后，傅乐焕投身国家建设，1958 年担任古籍整理出版规划小组历史分组成员，与同窗好友邓广铭、张政烺及其夫人陈雪白的伯父陈垣等先生，共同为我国古籍整理出版事业作出了杰出贡献。

傅乐焕早年的学术道路，与傅斯年的提携、指点是分不开的。少年时期，他因父亲去世，家道中落而失学，在族叔傅斯年的帮助下才完成中学学业，考入北京大学。

1937 年大学毕业，傅乐焕与邓广铭、张政烺等几位同窗好友一起进入中央研究院历史语言研究所工作。彼时，傅斯年担任史语所所长。

抗日战争期间，傅乐焕跟随史语所迁徙长沙、昆明、重庆等地，其间，他的研究工作没有中断。1942 年，傅乐焕在《历史语言研究所集刊》上发表了《辽代四时捺钵考》一文，以辽帝春山、秋水等行迹为主线，对相关地名进行全面考察，对研究辽代的典章制度、风俗习惯及疆域和地理状况，有着较高的学术价值。《辽代四时捺钵考》可以说是傅乐焕的学术代表作，从此，他在辽金史以及相关的民族史、历史地理等领域的研究，逐步深入，成果迭出。1943 年 2 月，《读书通讯》刊发邓广铭撰写的《傅乐焕氏关于宋辽金史之巨著》一文——

> “其《辽代四时捺钵考》五篇及《宋辽交聘使表考》刊布于《历史语言研究所集刊》第十本第二、三两份中，两文皆博极载籍，穷源竟委，对契丹之典制风习、宋辽之邦交礼仪，考证极尽详赡。”

邓广铭在文章中还写道：“金毓黻氏……每津津乐道傅氏之名，谓其之功力识断俱难也。”

识　别

傅乐焕认为：“只有在中国历史学家和民族学家的紧密配合下，并吸取考古学和语言学的材料，中国各少数民族的历史的面貌才能被逐渐恢复，一部正确反映各族人民共同缔造祖国过程的‘中国通史’才能被编写出来。”他关于民族学与史学、考古学、语言学之关系的这一论述，体现了其成熟的学术观，他的学术道路的走向，也反映出这一观点。

20 世纪 40 年代，在中央研究院历史语言研究所取得一定研究成果后，傅乐焕奔赴英国伦敦大学东方学院留学，继续深造。1950 年，他完成博士论文《捺钵与斡尔鲁朵》，获得博士学位。那时，他即把历史与民族的研究作为自己的学术方向。

1951 年，傅乐焕选择返回祖国，到中国科学院考古研究所工作，将考古学纳入自己已有的学术研究中。

1952 年 9 月，中共中央统战部和国家民委决定，成立中央民族学院（现中央民族大学）研究部，把当时燕京大学、清华大学、北京大学、辅仁大学、中山大学的一批知名民族学家、社会学家、史学家集中在一起。中央民族学院研究部主任由原燕京大学代理校长兼教务长、时任北京市文教局局长的翁独健担任，傅乐焕担任东北研究室主任，西北研究室、中南研究室、西南研究室、西藏研究室、文物室主任分别由冯家昇、潘光旦、翦伯赞（兼）、林耀华、杨成志担任。这一批大名鼎鼎的学术专家，极大推动了我国民族工作的顺利进行。

中央民族学院研究部成立后，民族学工作者参加的第一项重要工作就是进行民族识别。1953 年，中央民族学院研究部组成四个民族调查组：1. 东北、内蒙古民族调查组；2. 甘肃、青海民族调查组；3. 湖南湘西土家调查组；4. 广东省疍民调查组。

傅乐焕是东北、内蒙古民族调查组组长。1953 年 8 月至 10 月，他与林耀华、王辅仁、陈雪白、阿勇绰克图等人，在中央民族事务委员会的统一部署下组成调查组，赴黑龙江省龙江县、讷河县，内蒙古自治区呼纳（呼伦贝尔）盟海拉尔、布特哈、莫力达瓦等地进行达斡尔民族识别调查。

在少数民族地区，傅乐焕等专家通过召集少数民族人士座谈、个别访谈等形式，深入了解当地的民族生活情况，记录了达斡尔语，搜集整理了少数民族文献资料。实地调查结束后，傅乐焕完成了此次民族识别工作的调查报告《关于达呼尔的民族成分识别问题》，对于达呼（斡）尔的族源问题采取了比较慎重的态度。

傅乐焕认为，彻底弄清达斡尔族的族源问题，需要新的文献和考古材料的发现作为支撑，对达呼（斡）尔人 17 世纪以前的历史空白有重要填补。在考证史料和史事上，他有着乾嘉学派的优长，深入细致地爬梳整理已有史实、资料，对历史传说进行细致分析、厘清。

1956 年 4 月，达斡尔被确定为单一民族，达斡尔族的识别、认定，成为典型而又取得圆满成功的例证。这其中，傅乐焕所作的工作不应被世人遗忘。

傅乐焕在中央民族学院为学生开设了《民族史概要》

《中国历史上的民族关系》等课程，民族学、民族史在我国尚属起步阶段，这些课程在当时可资借鉴的资料和经验都非常少。为此，他付出了更大的心力。

据潘光旦日记记载，1962 年 9 月 16 日，“午前傅乐焕同志来，见示所拟《中国历史上的民族关系》教学大纲稿的一部分，嘱阅提意见。”9 月 21 日，“傅乐焕同志来，就历史上之民族关系问题略交换意见。傅乐焕同志来谈研究生及本科毕业同学论文事。”

从这些记载可以看出，傅乐焕在中央民族学院任教期间，将民族学与历史学研究相结合，在学术方面做了不少工作，也培养了不少学生。

教学之余，傅乐焕还致力于东北、内蒙古地区的契丹、满、达斡尔等族历史的研究，并取得了显著成果，撰著的论文有《关于清代满族的几个问题》《辽史丛考》等，同时，他还主持、编写《满族简史》，完成了初稿通纂和定稿工作。

编　绘

1954 年，《中国历史地图集》的编绘工作在毛泽东主席亲自过问下提上议事日程。当时，历史地图极其缺乏，新中国成立前虽出版过《中国历史地图》等，但都过于简略，准确性也不够高，历史上战争、迁徙等涉及到的地名及沿革，都没有反映出来。时任北京市副市长的吴晗与毛泽东谈到整理《资治通鉴》时，提到清末民初杨守敬编绘的《历代舆地图》，凡见于诸史《地理志》的州县基本都标注上图，能够达到毛泽东提出的配合读史的要求。同年11月，“标点《资治通鉴》、改编‘杨图’委员会”成立，委员会由吴晗、范文澜、尹达、侯外庐、刘大年、翦伯赞、金灿然及地图出版社总编辑张思俊等组成。

将杨守敬《历代舆地图》改绘成适应新需求的《中国历史地图集》，对历史地理专业素养要求很高，吴晗推荐复旦大学的谭其骧主持此项工作，中国科学院、复旦大学等科研院所的百余人参与其中。1957年，历史地图绘制工作随着范文澜改任“杨图”委员会顾问、谭其骧全面接手而转移至上海。为更好开展工作，谭其骧邀请傅乐焕及韩儒林、冯家昇等人加入到历史地图绘制工作中。

傅乐焕在20世纪40年代撰写《辽代四时捺钵考》一文时，对辽代的疆域和地理状况做了深入研究，因此对东北地区的历史地理非常熟悉，由他负责辽吉黑三省地图各图幅资料的参订和制图，可谓最佳人选。

当时，傅乐焕与同在中央民族学院的王锺翰、贾敬颜、郭毅生、陈连开等人一起，如火如荼地开展研究工作。为编绘历史地图集，他们对东北地区历史地图的沿革、变化做了详尽的研究、梳理，考证出明代东北近百个卫所的地址所在，这在学术和政治上都具有重要意义。对唐代东北安东都护府的所辖各州城、渤海五国的辖境州府故城和疆界等，傅乐焕与有关学者精心考证，取得卓越的研究成果。1965 年，他们完成了两汉至隋唐、明代与后金等图幅的编绘与资料考证书的编印。

经历了漫长曲折的研究、绘制，《中国历史地图集》直到 20 世纪 70 年代才正式出版。出版后，因历史地图集有图无说，对地图集又进行了文字说明，最终形成《中国历史地图集东北地区资料汇编》(内部资料）一书。全书分两汉魏晋时期、南北朝隋唐时期、辽金元时期、明清时期四编，对山海关以外东北地区白山黑水的地名提供古今对照检索，引用的史料范围广，对所收资料进行考证，做出说明，资料丰赡。

直到 20 世纪 80 年代，这部书才以《中国历史地图集释文汇编 · 东北卷》为名正式出版。而此时，傅乐焕已去世 20 余年，图书前言中专门提及——

> "《中国历史地图集》……前一阶段自 1961 年秋至 1964 年秋，由傅乐焕先生主持其事"，"我们对已故的傅乐焕、胡德煌、徐宗元、韩功阡四位先生更加怀念，并对他们致以崇高的敬意！"

这是对傅乐焕等人所做工作的肯定。

1954 年，中国科学院地震工作委员会主任委员李四光提议，利用中国历史材料来制订拟设厂矿地址的地震烈度，地震工作委员会中历史组范文澜、金毓黻等主其事。经中国科学院历史研究所第三所同人搜集资料，地球物理研究所、清华大学、北京大学、中央民族学院等科研院所，历时两年时间，搜集、编纂成《中国地震资料年表》，1956年由科学出版社出版。傅乐焕则因精通历史、地理学而参与其中。这部书的出版，对我国当时选择、确定工业基地提供了可靠的依据。

为了查清黄河河源和二湖名称问题，傅乐焕在查阅大量资料基础之上，庞博引证，精赅考证，并去黄河源头作了专门考察，得出黄河发源于巴颜喀拉山支脉各姿各雅山的结论，提出玛曲是黄河正源的建议。二湖名称和位置应恢复为扎陵湖在上（西），鄂陵湖在下（东）。1985年，黄河管理委员会根据历史传统和傅乐焕等专家学者的意见，报经国务院批准公布，确认玛曲为黄河正源。黄河发源于巴颜喀拉山北麓约古宗列盆西南隅的玛曲曲果。河湖海拔4698米，东经95° 59 ' 24 "，北纬35° 01 ' 18 "。1999年10月24日，此地树立了黄河源标志。

1956年7月5日至15日，高教部在北京召开高等学校文、史科教学大纲审订会议，参加会议的有全国各综合大学的160多位文史专家。《中国史教学大纲》经过几番讨论、修改，最终定稿，同年12月，由高等教育出版社出版发行。傅乐焕参加了《中国史教学大纲》的审订会议，负责宋辽金元明清部分。

《中国史教学大纲》的审订、定稿，具有极其重要的历史意义，新中国成立后，高等学校的教学始终缺乏指导性文件，教师在授课时缺乏较完整、系统的教学计划。大纲的推出，对高等学校教学水平的普遍提高起到了重要的推动作用。与傅乐焕一起审订宋辽金元明清部分的专家还有翁独健、郑天挺、邓广铭、陈守实、韩儒林、蒙文通、陈乐素等人。

整理

1958年，古籍整理出版规划小组成立，傅乐焕被列入历史分组，成为古籍小组分组成员。他与翦伯赞、吴晗、范文澜、陈垣、翁独健及同窗好友张政烺、邓广铭等人一起，为新中国古籍整理出版事业作出了巨大贡献。傅乐焕那时已成为《辽史》研究专家。谭其骧曾说，没想到今天研究《辽史》的竟有了“四家”，乃冯（家昇）、陈（述）、傅（乐焕）、罗（继祖）。

古籍小组成立当年便推出了《整理和出版古籍计划草案》，整理“二十四史”工作列入规划。“二十四史”，是中国古代各朝当政者组织人力撰写出来的二十四部史书的总称，约4700万字，所记载内容从传说中的黄帝至明代崇祯，历时4000多年，对历代经济、政治、文化艺术和科学技术等方面的事迹都有记载，保存了大量史实、资料。

这样一部“国史”，因为没有标点、断句，对大多数读者来说，使用起来有一定困难。因此，这一浩大工程，在20世纪50年代被列入《整理和出版古籍计划草案》后，提上了议事日程，并得到稳步推进。“前四史”最先整理出版与读者见面，《史记》《三国志》于 1959 年 9 月、12 月出版，随后《汉书》《后汉书》分别于 1962 年、1965 年整理出版。“前四史”整理出版的同时，其他二十史的整理工作同步展开。

辽金元三史不分家，故“三史”的点校整理工作，中华书局最初是约请了历史学家翁独健来统筹落实的。1961 年 10 月 28 日，中华书局档案《与翁独健谈话纪要》记载：“《金史》，请傅乐焕担任，《辽史》由冯家昇担任，已与本人谈过，并经领导上同意，纳入规划……本打算在本星期约请以上的几位先生与我局同志一起谈一次，适逢傅先生有事到东北，只好推迟几天（大约下周可返京）。”

档案所言“傅先生有事到东北”，是因为他当时主持《满族简史》工作，相当长一段时间要常驻沈阳，为《满族简史》的编写工作深入东北满族聚居区考察。因此，中华书局拟约《辽史》《金史》《元史》三史的承担者与书局同志“谈一次”的工作，到 12 月 7 日才得以落实。

翁独健、冯家昇、傅乐焕三位先生一起参加了中华书局召开的这次座谈会，与中华书局的金灿然、萧项平及总编室、古代史组的有关同志一起，讨论辽、金、元三史点校方案及相关问题处理办法。至彼时，傅乐焕作为中央民族学院教授，在进行学院教学工作、主持编写《满族简史》等工作的同时，正式承担起《金史》的点校整理工作。

当时“二十四史”及《清史稿》的整理，随着“前四史”的整理出版，开启了新的工作模式，即各史的整理者集中到北京中华书局进行工作。1963 年，由中宣部牵头，中华书局陆续从全国各地调集进京参与整理点校“二十四史”工作的专家有郑天挺、唐长孺、王仲荦、刘节、罗继祖等，他们分别从天津、湖北、山东、广东、吉林等地入京，负责整理《明史》《魏书》《北齐书》《周书》《北史》《南史》《梁书》《南齐书》《陈书》《新唐书》《旧唐书》等。傅乐焕与其他原本在北京的专家陈垣、刘乃和、邓广铭、翁独健、冯家昇等，原则上仍在家工作，承担整理点校《金史》《旧五代史》《新五代史》《宋史》《辽史》《元史》的工作。

这些外地的教授专家到京后，就在翠微路二号院中华书局提供的宿舍楼工作，有炊事员专门为他们提供一日三餐。后期，傅乐焕也住进了翠微路二号院，与其他专家同吃同住，结下了深厚友谊。这段历史，就是后来古籍学术圈传为佳话的“翠微校史”。

“翠微校史”期间，傅乐焕集中开展了整理、点校《金史》的工作。傅乐焕以百衲本作底本，用殿本（乾隆）通校《金史》。以百衲本《金史》为底本，是因为当时百衲本是公认的善本，而乾隆殿本集南监、北监的优点，是通用之本，所以采用这个版本用以通校。

傅乐焕以百衲本为底本，与北监本殿本参校，择善而从。同时参考相关史料进行校勘，吸取前人的考订成果，如对施国祁的校记进行批判的吸收，搜集整理钱大昕、赵翼等人的相关考证，对冯家昇、罗继祖、陈乐素等近人的相关专著也予以关注和参考。

1964 年 10 月 25 日，傅乐焕提交了《〈金史〉校点工作进行情况与问题》的工作情况总结。在这个报告中，除了对底本、前人成果、本校、他校、标点等情况做了介绍和说明外，他还专门附上《关于〈金史〉中人名、地名、部族、职官使用异名的若干情况》和《〈金史〉校记》资料三卷。

当时的整理进度，据傅乐焕根据自己每四日可校一卷（包括标点及校记的修改）的效率进行估算，《金史》135 卷，约需 500 个工作日能够完成。而傅乐焕本人的情况是，在中央民族学院没有课的时候，每周能有 5 个工作日用于整理点校《金史》；遇到有课的情况，每周最多有 2 个工作日用于整理点校工作。按照这个进度估算，傅乐焕认为需要两年时间，就能完成《金史》的整理点校，而让人感到可惜和心痛的是，到 1966 年，傅乐焕对《金史》的整理工作戛然而止，同时终止的还有他的生命——5 月 22 日，傅乐焕离开翠微路中华书局，一路走向北京南城的陶然亭公园，投水自尽。

至今，傅乐焕撰写的《〈金史〉校点工作进行情况与问题》，作为珍贵档案收藏于中华书局。全文共 4 页，钢笔手书。《关于〈金史〉中人名、地名、部族、职官使用异名的若干情况》作为附件附于正文之后。与傅乐焕提交的《金史》整理情况一并保存的，是当时“二十四史”点校组负责人赵守俨于同年12月31日的批复——《对〈金史〉标点方案及工作中问题的意见》和《对〈金史〉校勘记（资料）一、二、三卷的意见》。

到20世纪70年代，“二十四史”点校整理工作重新启动。傅乐焕的大学同窗、好友、同乡张政烺接下了《金史》，并最终完成了《金史》的整理点校，于1975年正式出版。傅乐焕、张政烺先后承担并最终完成参考资料最为匮乏的《金史》的整理、出版工作，成就了一段同乡、同窗、同事、好友以一种特殊的合作方式共同整理一部古籍的佳话。

2005年，中华书局启动点校本“二十四史”修订工程，陆续出版了修订本《史记》《旧五代史》《新五代史》《辽史》《隋书》等。时至2020年2月，吉林大学程妮娜教授主持修订的《金史》（修订本）由中华书局推出，署名页专列一行，原点校者：傅乐焕、张政烺、崔文印（中华书局1975年版《金史》责编），这是对傅乐焕、张政烺二位先生的最好纪念。

（原载2020年4月27日《光明日报》，作者系中华书局学术著作出版中心编辑）

百川学海

《清代学术概论》之撰著始末及其增删改写

俞国林

弁　言

一九一八年十二月，梁任公与蒋百里、丁文江、张君劢等以“私人资格”出游欧洲，考察英、法、德、比利时、意大利、荷兰、瑞士诸国，与各国政治家、外交家、社会名流、著名学者等多有交流。任公切身感受到当时欧洲社会政治动荡、经济萧条、物资匮乏等严峻现实，使其思想见解与之前发生较大之变化。

一九二〇年三月，任公归国，即作《欧游心影录》。其第十三节《中国人对于世界文明之大责任》写到：

> 是拿西洋的文明来扩充我的文明，又拿我的文明去补助西洋的文明，叫他化合起来成一种新文明。……近来西洋学者，许多都想输入些东方文明，

令他们得些调剂，我子细想来，我们实在有这个资格。……所以我希望我们可爱的青年：第一步，要人人存一个尊重爱护本国文化的诚意；第二步，要用那西洋人研究学问的方法去研究他，得他的真相；第三步，把自己的文化综合起来，还拿别人的补助他，叫他起一种化合作用，成了一个新文化系统；第四步，把这新系统往外扩充，叫人类全体都得着他好处。

《梁任公先生年谱长编》民国九年条有曰：

先生这次归来后，对于国家问题和个人事业完全改变其旧日的方针和态度，所以此后绝对放弃上层的政治活动，惟用全力从事于培植国民实际基础的教育事业，计是年所着手的事业有承办中国公学、组织共学社、发起讲学社、整顿《改造》杂志、发起中比贸易公司和国民动议制宪运动等数事。

可以说《欧游心影录》是其思想转变之真实记录，以致发表后所造成的影响，“在国内确曾替反科学的势力助长不少的威风”（胡适《丁文江的传记》），甚至使得任公生发出“科学破产与中国思想足救世界之感想”（杨杏佛《民国十三年之学术观》）。

康有为早年曾批评任公“流质易变”（《与任弟书》），而任公一生行事，确多变化，世人亦以“善变”目之。任公曰：“大丈夫行事，磊磊落落，行吾心之所志，必求至而后已焉。若夫其方法随时与境而变，随吾脑识之发达而变，百变不离其宗，但有所宗，斯变而非变也，此乃所以磊磊落落也。”又曰：“变者，古今之公理也。……上下千岁，无时不变，无事不变，公理有固然，非夫人之为也！”（《变法通议·自序》）所谓“百变不离其宗”、“斯变而非变”云者，盖亦时代之变迁而社会风尚之所趋使然也。

任公《清代学术概论》亦自剖曰：

> 启超既日倡革命排满共和之论，而其师康有为深不谓然，屡责备之，继以婉劝，两年间函札数万言。启超亦不慊于当时革命家之所为，惩羹而吹齑，持论稍变矣。然其保守性与进取性常交战于胸中，随感情而发，所执往往前后相矛盾。尝自言曰：“不惜以今日之我，难昔日之我。”世多以此为诟病，而其言论之效力亦往往相消，盖生性之弱点然矣。

任公“今是而昨非”的性格，也使得他在清末民初之变革大潮流中，不为社会淘汰，不被历史沦弃。且将自身三十年之经历与思想之变化，融入时代之洪流，借为蒋百里《欧洲文艺复兴史》作序之机，“取吾史中类似之时代相印证”，不料而成此一生得意之作，虽有偶然之因素，实亦必然之结果。胡适也曾评价说“今日亦只有他能作这样聪明的著述”（一九二一年五月二日日记）。然而也正是任公这第一名著，其撰著之时间与夫修改之过程，以及文字之异同、评述之转化，亦具其善变之特质焉。

一、近因与远因

蒋百里与诸人同游欧洲，自谓往求“曙光”，归作《欧洲文艺复兴史》。百里所谓之“曙光”，一则曰人之发现，再者曰世界之发现，书成，即向任公索序。任公曰：“文艺复兴者，由复古得解放也。果尔，吾前清一代，亦庶类之。吾试言吾国之文艺复兴而校其所以不如人之故，可乎？”孰意“下笔不能自休”，待序言初成，其篇幅竟与《欧洲文艺复兴史》相埒，盖“天下固无此序体，不得已宣告独立”，自定名曰《清代学术概论》，而反过来求百里为作序矣。此近因也。

任公于《清代学术概论·第二自序》里说道：“久抱著《中国学术史》之志。”当一九〇二年，有《新史学》，曰：“黄梨洲著《明儒学案》，史家未曾有之盛业也。中国数千年，惟有政治史，而其他一无所闻。梨洲乃创为学史之格，使后人能师其意。”后有《论中国学术思想变迁之大势》，提出：“学术思想之在一国，犹人之有精神也，而政事、法律、风俗及历史上种种之现象，则其形质也。故欲觇其国文野强弱之程度如何，必于学术思想焉求之。”在《清代学术概论》里，任公亦分析“思想蜕变之枢机”、“政制之蜕变”、“学派之蜕变”等诸多因素。纵观任公前后之论述，好言“变迁”，好言“蜕变”，好言“变迁蜕变”之学术思想，故曰：中国之有学术史，自梨洲始；中国之有学术思想史，则自任公始。

任公亲历晚清而入民国，处“三千年未有之大变局”之际，二三十年间，其为政也，维新、保皇、共和、立宪；其为学也,自“彼西方美人”“为我家育宁馨儿以亢我宗”，至“吾感谢吾先民之饷遗我者至厚，吾觉有极灿烂庄严之将来横于吾前”。其法不一，意实一也，诚如《论中国学术思想变迁之大势》第一章总论所言：

> 吾爱我祖国，吾爱我同胞之国民。
>
> 吾惟患本国学术思想之不发明。
>
> 欲唤起同胞之爱国心也。

此种思想，贯穿终始。而其所经历，政治与学术之交互的影响，殆有与清初时代相仿佛者，故任公亦好言清初学人，且又特别属意顾亭林、黄梨洲、王船山、颜习斋、朱舜水五人，称为“清初五大师”。一九二三年夏作《中国近三百年学术概略》，专章分述；秋冬间，又为北京平民中学演讲，题为“清初五大师学术梗概”，演讲之前，平民中学陈宝泉（字筱庄）校长致辞，有“今天的讲演，是以清末的大师，讲清初的大师”云云。任公解释道：

> 我虽然愧不敢当，但是这五位大师所处的时代情形,的确有许多和现代相同的地方。他们都是生于乱世，自己造成一派学说，想来引导当世的人。那末，就很像现在的中国，一方面国事紊乱到极点，一方面有一般人讲这个主义，谈那个学说，都是“异代同符”的。

这种“异代同符”的经历，使得他对“清初五大师”的认识，最为深入，最为透彻，所叙所论，也最为感人。任公说：

> 为学之道，人格在第一层，学问在第二层。只要人格伟大，便学术差一点也不相干；反是，则学问虽佳，终于无用。

> 为学之道，以培养人格为第一要义，读书次之。只要人格伟大，纵然著述无多，也有足传的价值。反是，纵然读书万卷，而人格无可观采，其学终归无用。

人格第一，学问第二，这就是任公在《清代学术概论》里覼缕述及的“精神”二字之深义！此远因之一也。

任公于一九二〇年十月十四日所作《自序》，第六条谓“自属稿至脱稿，费十五日”，则撰作始于九月二十九日或三十日；其在十月四日有与张东荪一函曰：

> 本拟南下迎罗素，顷方为一文，为《改造》作，然已裒然成一书矣，约五六万言。题为《前清一代中国思想界之蜕变》，颇得意。今方得半，一出游又恐中辍，决作罢矣。尚有一文债未了，则张三先生寿文也。连作带写，非三四日之功不可。

按，《前清一代中国思想界之蜕变》即《清代学术概论》之初名。任公同时作文，且寿文“连作带写，非三四日之功不可”，在这种状态下，犹能以前后十五日作如此规模之梳理，提挈纲领，条分缕析，清二百数十年间学术思想之变迁，厘然毕陈。

先是一九一七年十一月，任公辞去段祺瑞内阁财政总长之职，退出政界，勤于碑刻之学。次年春夏间，“屏弃百事，专致力于《通史》之作”（《梁任公先生年谱长编》一九一八年条）。同时，为家中儿辈讲清代学术流别。

一九一八年七月十八日与仲弟梁启勋函曰：

> 一月来为儿曹讲“学术流别”，思顺所记讲义已裒然成巨帙（《史稿》仅续成八十馀叶耳），惜能领解者少耳。

七月二十七日又曰：

> 吾为群童讲演已月馀，颇有对牛弹琴之感。尚馀一来复，“学术源流”（吾所讲却与南海有不同）卒业矣。来复二将讲“前清一代学术”，弟盍来一听，当有趣味也。

八月二日又曰：

> 为群儿讲“学术流别”，三日后当了。

七月间，亦有与陈叔通函曰：

> 《史稿》亦赓续无间，惟每日所成较少，一因炎热稍疲，一因上半日为儿曹讲学，操觚之晷刻益少也。（讲题为“国学流别”，小女录讲义已裒然成巨帙，为新学小生粗知崖略，殆甚有益，惜不堪问世耳。）

所幸任公为儿辈所讲“学术流别”之大纲手迹，犹存天壤。曾现身“南长街54号藏梁氏档案”拍卖专场，末有梁启勋跋曰：

> 此册共二十七纸，前廿六篇乃七年戊午之夏，伯

兄在天津家居与儿曹讲学之备忘录。由今观之，实《清代学术概论》之胚胎矣。纸上涂鸦，乃当日儿曹之手笔。此册内容，分清代学术开创之祖、清代理学（程朱派、陆王派、新派、别派）、佛学、清代经学、经学别派、清代史学、地理学、天算学、目录及校勘学、金石学、清代文学家（古文家、骈体文家、诗家、词家）、新思想之开发者、广东先辈、清代编撰诸书、清代最有价值之著述等十数名目，于清代之学术流派、关键人物、重要著作，基本囊括。

任公自己虽说“颇有对牛弹琴之感”，且“每日既分一半光阴与彼辈，亦致可惜”（八月二日与仲弟函），但宜有此前期之准备，方能为蒋百里《欧洲文艺复兴史》作序时，分章设置，前呼后应，下笔之际，文思泉涌，滔滔汩汩，浊浪排空！此远因之二也。

任公《三十自述》曰：

> （康有为）先生为讲中国数千年来学术源流，历史政治沿革得失，取万国以比例推断之，余与诸同学日札记其讲义，一生学问之得力，皆在此年。……日课则《宋元》、《明儒学案》、《二十四史》、《文献通考》等，而草堂颇有藏书，得恣涉猎，学稍进矣。

又《南海先生七十寿言》亦曰：

> 先生每逾午，则升坐讲古今学术源流，每讲辄历二三小时，讲者忘倦，听者亦忘倦。每听一度，则各各欢喜踊跃，自以为有所创获。退省则醰醰然有味，

历久而弥永也。

梁启勋晚年回忆当年与任公在万木草堂听康有为讲课之情况，曰:“我们最感兴趣的是先生所讲的‘学术源流’。‘学术源流’是把儒、墨、法、道等所谓九流，以及汉代的考证学、宋代的理学，历举其源流派别，……皆源源本本，列举其纲要。每个月讲三四次不等，先期贴出通告：‘今日讲学术源流。’先生对讲‘学术源流’颇有兴趣，一讲就四五个钟头。”(《万木草堂回忆》)上所引任公七月二十七日与仲弟函，所谓“吾所讲却与南海有不同”，则亦是远绍当年万木草堂旧事，故任公之好言学术史，实是受康氏之影响。此远因之三也。

有三远因之积累，而遇一近因之激发，始得此百年之经典。任公之爱吾国民也厚矣，“献身甘作万矢的，著论求为百世师”，良有以也。

二、初稿与定稿

任公曾说：“旧历中秋前十日在京师省胡适之病，适之曰：‘晚清“今文学运动”，于思想界影响至大；吾子实躬与其役者,宜有以纪之。’”(稿本《自序》)“旧历中秋前十日”是一九二〇年九月十六日，然二十六日任公复胡适函，有“昨谭快慰。……晚清今文学运动拟即草一篇，草成当塵教”云,则任公访胡适当在九月二十五日(据夏晓虹先生考证，“前十日”应为“前一日”之误)。

与此同时，蒋百里《欧洲文艺复兴史》完成，即向任公索序。任公《自序》说道：

吾觉泛泛为一序，无以益其善美，计不如取吾史中类似之时代相印证焉，庶可以校彼我之短长而自淬厉也。乃与约，作此文以代序。既而下笔不能自休，遂成数万言，篇幅几与原书埒。天下古今，固无此等序文。脱稿后，只得对于蒋书，宣告独立矣。

《自序》第六条曰：

自属稿至脱稿，费十五日。稿成即以寄《改造》杂志应期出版，更无馀裕覆勘，舛漏当甚多，惟读者教之。

《自序》落款时间为“民国九年十月十四日”，写好即寄《改造》杂志，于第三卷第三号（十一月十五日）、第四号（十二月十五日）、第五号（一九二一年一月十五日）连载。

《改造》连载之文，名曰《前清一代中国思想界之蜕变》；连载未竟，商务印书馆即着手单行本之排版矣。任公一九二〇年十一月二十九日作《第二自序》，曰：

本书属稿之始，本为他书作序，非独立著一书也，故其体例不自惬者甚多。既已成编，即复怠于改作；故不名曰“清代学术史”，而名曰“清代学术概论”。

其实早在成稿之际，任公即请友朋校正。十月十八日有与胡适函曰：

公前责以宜为今文学运动之记述，归即属稿，通

> 论清代学术，正再钞一副本，专乞公评骘。得百里书，知公已见矣。关于此问题资料，公所知当比我尤多，见解亦必多独到处，极欲得公一长函为之批评（亦以此要求百里），既以裨益我，且使读者增一层兴味。若公病体未平复，则不敢请。倘可以从事笔墨，望弗吝教。

任公非常希望得到胡适的意见，知胡适“已见”书稿，极欲得其“一长函为之批评”。后果得胡适长函，任公十二月十八日又与胡适函曰：

> 前得病中复我长笺，感谢之至。……清代思想一文已如公所教，悉为改正，所以惠我者良多矣。……第二书所示各节恐不及改正，因原书久已付印，将成也。

由于胡适长笺迄今未有发现，且任公《第二自序》所谓“蒋方震、林志钧、胡适三君，各有所是正；乃采其说增加三节，改正数十处。三君之说，不复具引，非敢掠美，为行文避枝蔓而已”，则具体吸取了哪些意见，确实难以详按。

《清代学术概论》单行本于一九二一年二月正式出版，胡适五月二日日记写道：

> 车中读梁任公先生的《清代学术概论》。此书的原稿，我先见过，当时曾把我的意见写给任公，后来任公略有所补正。《改造》登出之稿之后半已与原稿不同。此次付印，另加惠栋一章，戴氏后学一章，章炳麟一章，皆原稿所无。此外，如毛西河一节，略有

褒词；袁枚一节全删；姚际恒与崔适的加入，皆是我的意见。

这个说明反映了长笺内所言意见为任公所采纳者数处，而惠栋、戴氏后学、章炳麟三章，实关大体。玩味此段文辞，则“此次付印”后所列诸项之增删改写，“皆是”胡适的“意见”——建议。

我们知道，胡适的学生顾颉刚先生曾于一九一六年休学家居期间，作《清代著述考》（又名《清籍考》），编列五百馀人。顾先生说：

用时代分目录的计划到这时很想把它实现，就先从材料最丰富的清代做起。《书目答问》的《国朝著述诸家姓名略》是一个很好的底子，又补加了若干家，依学术的派别分作者，在作者的名下列著述，按著述的版本见存佚，并集录作者的自序及他人的批评，名为《清代著述考》。（《古史辨第一册自序》）

也就在一九二〇年秋，胡适向顾先生借观此书。十一月间，胡适有与顾先生函曰：“你的《清籍考》内没有姚际恒。此人亦是一个狠大胆的人。我想寻求他的《九经通论》，不知此书有何版本？你若知道，请你告我。”同月二十三日又曰：“你在《浙江通志》钞出的一条确是非常重要，因为我们可以知道《九经通论》是多大一部书。”按，胡适至少到一九二一年二月初还未看到姚氏书（二月三日与青木正儿函，有“姚际恒的《诗经通论》，我也访着一部，尚未寄到北京”云）。

任公十月十八日与胡适函谓“正再钞一副本”——既曰“再钞”，则外间已有“一副本”也；又谓“得百里书，知公已见”，则胡适其时当已得见此“一副本”矣。百里书作于何时，虽不可考。但是，十月十六日，顾先生访胡适，胡适定是将此“一副本”付顾先生阅读矣。次日，顾先生致函胡适曰：

> 昨归后读梁先生文，其符号有误处缺处，稍为补正。至句读间则误处甚多，未能尽改。又文字间有误处及疑难处，未敢径改，谨签出。
>
> 梁先生此文，说启蒙期及蜕分期甚好，但说全盛期除了戴震一传之外，不过钞些《书目答问》及《訄书·清儒篇》语，不能拿精要处纲举目张。这实在因为全盛时的著作太精密广大了，必不是短时间像两个礼拜所能做的。

从“文字间有误处及疑难处，未敢径改，谨签出”来看，顾先生看到的应该就是这“一副本”（因《改造》杂志十月十五日刊出第一期，内容仅启蒙期耳，这里却讲到了全盛期、蜕分期）。

十月二十八日，顾先生又与胡适函曰：

> 先生说清学极盛时期，为汉学家专断，思想锢蔽，无甚可记。这在经学上固然如此，在史学上则极盛期实在有进步。……那时汪中的《述学》，想做一部学术史；章学诚的《文史通义》，又是很好的一部史学研究法，这都是可记的。梁先生的文里，只说章学诚

可比刘知几，其实刘确比不上章。刘的《史通》，只是讲了作史的方法，依据了这一部书去做史，做出来只是一部老式史。章的《文史通义》，更讲到史学所由成之故，与研究之道何从，很可称为科学的史学，这才是真史学。从前的时候，看学术的分类，便是书籍的分类；书籍的分类是经史子集，所以学术的分类也是如此；都看作很固定的。自从章氏出来，说“六经皆史”，“诸子与六经相表里”，“文集为诸子之衰”，拿隔人眼目的藩篱都打破了，教学者从他们的学术思想的异同上去求分类，不要在书籍形式上去求分类，这在当时实在是可惊的见解。这不能不看做清代史学特别发达的结果。可惜那时学者为琐碎的考证束缚住了，不能懂得他的意思，所以那书虽是刻了，竟无声无息了近一百年。直到欧化进来，大家受了些科学的影响，又是对于外国学术的条理明晰，自看有愧，发生了“整理国故”的心思,始由章太炎先生等大昌其学。

章太炎先生的学术思想，在社会上也很有势力。梁先生文中叙得极略，我疑心他是门户之见。章先生与学风的关系有几项：(1) 明白标出“整理国故”的旗帜；(2) 集音韵学之大成，促注音字母的进行；(3) 对于今文学派的狂妄加以攻击：这里边固然也有门户之见，但若不经他这么一来，孔教真要定做国教，流行的程度也必然比现在利害；康有为、廖平的著作，未始不是汉代的谶纬了。

我前五年写《清代著述考》时，对于清代学术的统系关系，颇有见及。可惜那时没有记出，到现在荒疏了几年，大都遗忘。将来续撰时当另立一册记出，豫备将来作此书序言之用。

顾先生之所以能一气说出这么多关系与认识来，一则源自编撰《清代著述考》时的资料准备，再则顾先生于一九一九年一月亦曾作《中国近来学术思想界的变迁观》长文，做过一番梳理。

胡适与顾先生此两月内之往还书信，除了探讨姚际恒《九经通论》外，还涉及姚氏《古今伪书考》与林春溥《竹柏山房丛书》。这两书信息，定稿本内任公是以朱笔补入的。其间，胡适先后写两通长笺，将疑问提出，供任公参酌。

从胡适日记反推可知，任公得第一长笺时，《改造》本已经连载两期，无法改正（第四号内无惠栋一节可知），而后《改造》本第五号文字（第二十章起）已据第一长笺修改矣。任公十二月十八日复胡适函，谓"第二书所示各节恐不及改正，因原书久已付印，将成也"，而这个"久已付印"的当是《改造》本第五号文字；待商务印书馆改排为专著单行的时候，任公又吸收了胡适第二长笺之"意见"。

《清代学术概论》稿本今存中国国家图书馆，金镶玉线装四册，足见任公对该稿本之重视。稿内朱墨灿然，触手如新。且与《改造》本文字对勘（包括增插篇章带来的序号变化），基本可以梳理出从《前清一代中国思想界之蜕变》到《清代学术概论》之间的增删改动。而此稿本，即任公之最终定稿也。

但是，从修订后的定稿本，再到商务印书馆一九二一年二月印行的《共学社史学丛书》本，除了手民之讹外，犹有几处明显改动，似也有探求之必要。兹举一例为说。

第二章讲清代思潮：

> 正统派之中坚，在皖与吴；开吴者惠，开皖者戴。……震之在乡里，衍其学者，有金榜、程瑶田、凌廷堪、三胡——匡衷、培翚、承珙——等。

这里三胡内之“承珙”，稿本、《改造》本与之同，但《共学社史学丛书》本却改作了“春乔”。按，章太炎《訄书·清儒》：“三胡者，匡衷、承珙、培翚也，皆善治《礼》。”而“春乔”为胡秉虔字，亦是绩溪人，为匡衷之侄、培翚之堂叔。任公早年作《论中国学术思想变迁之大势》：“乾嘉间学者以识字为求学第一义，自戴氏始也。其乡里同学……后有凌次仲（廷堪）及三胡（匡衷、承珙、培翚），咸善治《礼》。”一九二四年作《近代学风之地理的分布》八安徽：“绩溪胡朴斋（匡衷）生雍乾之交，其学大端与双池、慎修相近。以传其孙竹村（培翚）、子继（培系）。竹村与泾县胡墨庄（承珙）同时齐名，墨庄亦自绩迁泾也，时称‘绩溪三胡’。……绩溪诸胡多才，最近更有胡适之（适）云。”看来，任公对绩溪三胡原本似未曾错乱，但其一九二〇年十月十八日与胡适函，却问道："朴斋、竹村、春乔三先生，于公为何辈行。乞见告。"《共学社史学丛书》本以"春乔"替"承珙"，任公这一改动，或即出胡适长笺之意。

蔡元培于一九一八年给胡适《中国古代哲学史》作序时，写到："胡适先生生于世传汉学的绩溪胡氏，禀有汉学的遗传性。"胡适一九一九年八月二十三日日记：

> 胡匡衷，字朴斋。为胡培翚之祖。
>
> 胡秉虔，字春乔。
>
> 胡培翚，字竹村。

胡适晚年亦曾有手书一纸曰："经解三胡：胡秉虔，胡匡衷，胡培翚。"当然，绩溪胡氏有三支（尚书胡，明经胡，金紫胡），胡适为明经胡，与金紫胡之胡匡衷并非一支（《胡适口述自传》："蔡先生指出绩溪胡氏是有家学渊源的，尤其是十八九世纪之间清乾嘉之际，学者如胡培翚及其先人们，都是知名的学者。……但是这个世居绩溪城内的胡家，与我家并非同宗"）。

此章说到胡适时，稿本原作："而绩溪三胡之裔有胡适者，守家法至笃，俨然正统派之硕果焉。"《改造》本刊出时，改作"而绩溪诸胡而后有胡适者，颇能守清儒治学方法，俨然正统派之硕果焉"。上述两条，一则未用"三胡"；二则前谓"守家法至笃"，后谓"守清儒治学方法"。"守家法"云云，更为胡适所不敢当。故至商务印书馆单行本，则又改作"而绩溪诸胡之后有胡适者，亦用清儒方法治学，有正统派遗风"云。关于胡适的三句话，稿本、《改造》本、《共学社史学丛书》本居然出现了三种不同的表述。而这些措辞之改易，或是采用了胡适长笺的建议，亦或是任公对胡适治学方法不断增进认识之后而作出的，所以颇值得玩味。

三、附书与附录

任公《第二自序》说，“久抱著《中国学术史》之志”，拟分五部分，一先秦学术，二两汉六朝经学及魏晋玄学，三隋唐佛学，四宋明理学，五清代学术，现在清学脱稿，且蒙“诸朋好益相督责”，所以“欲以一年内成此五部”，“今所从事者则佛学之部，名曰《中国佛学史》，草创正半”。

在《清代学术概论》之商务印书馆《共学社史学丛书》本的版权页上，即已登出《中国佛学史》上卷的广告：

> 梁任公先生所著《中国学术史》凡五种，《清代学术概论》其第五种也。馀四种拟于本年内完成，现已脱稿付印者为第三种《中国佛学史》之上卷，凡十万言，分五大章。

旁注：“在印刷中，不日出版。”可惜，实际并没有正式完成。当然，关于佛学的文章，后乙丑重编《饮冰室文集》收入多篇，并还有一些遗稿留存。不过，从任公后来为《梁任公近著第一辑》所作叙来看，他欧游回国后的着力点除佛学之外，还有《孔子学案》、《老子哲学》、《墨子学案》、《墨经校释》等。

据《梁任公先生年谱长编》，自一九二〇年下半年至一九二二年底，任公先后在清华、南开、东南诸学校开《国学小史》、《中国文化史》、《中国政治思想史》诸课；同时进行全国式的巡回讲演，终至累出“心脏病”。一九二三年一月二十日在《晨报》刊登《启事》，谓“遵医命，闭门养疴，三个月内不能见客。无论何界人士枉顾者，恕不会面”云。四五月间，又至北京翠微山养病。

一九二三年四月三日，任公与张菊生函曰：

> 顷欲辑“清儒学案”，先成数家以问世。其第一家即戴东原，现将脱稿，故欲知此书来历也。高邮王氏父子文集，闻有刻本，尊处有之否？又李先生（因笃）《受祺堂集》、潘稼堂（耒）《遂初堂集》、王山史（宏撰）《山志》、傅青主《霜红龛集》（以上四书能代觅购尤感）皆有否？

今中国国家图书馆藏有任公《备忘目录》稿本，署“癸亥”，即一九二三年。以人为目，列字号、著述、学术、交友等极简单材料；另有《清儒学案未定稿》、《清儒学案年表》稿本两册。《未定稿》内戴东原一篇，前后完整，即任公自谓的“现将脱稿”者也；馀若顾亭林、黄梨洲，皆仅存零碎之稿耳。

即自一九二三年起，任公的学术重心，又重回清代。一月有《戴东原先生传》，三月有《黄梨洲朱舜水乞师日本辩》；及至七月，应南开暑期学校之邀，作《中国近三百年学术概略》一书，可惜未正式出版。九月，以国学讲师身份在清华学校讲授一门一学年的课程——《中国近三百年学术史》。《中国近三百年学术概略》的内容则以不同的形式，化入了《中国近三百年学术史》（详参中华书局二〇二〇年版该书《校订说明》）。

与此前后，任公或演讲或刊发了《清初五大师学术梗概》、《明清之交中国思想界及其代表人物》、《近代学风之地理的分布》、《清代政治与学术之交互的影响》等文章。如《近代学风之地理的分布·自序》有曰：

吾于三年前作《清代学术概论》，篇末述对于将来学界之希望，有"分地发展"一语，朋辈多疑其所谓。彼书既极简陋，未能发吾旨趣，久思为一文以畅之，顾卒卒未有暇。癸甲冬春之交，校课休沐，偶与儿曹谈皖南北、浙东西学风之异同，乘兴搜资料作斯篇，阅十日而成，亦屠苏酒中一绝好点缀也。

本篇专以研究学者产地为主，于各家学术内容不能多论列，文体宜尔也。欲知其概，则有拙著《近三百年学术史》在。

另外，一九二三年十二月一日《晨报五周年纪念增刊》向任公征文，任公以《中国近三百年学术史》第二、三、四讲即《清代学术变迁与政治的影响》塞责，但是又为题识曰：

本文为今秋在清华学校所讲《中国近三百年学术史》之第二章。《晨报纪念号》征文，因校课罕暇，

> 辄录副塞责。但近顷在师范大学国文学会续讲此题，颇有所增订，未及校改。或将来该会有笔记，可资参考也。

任公在北京师范大学国文学会讲演共四次，演讲时必有所据，——所据者，讲稿也。——即《中国近三百年学术史》讲义排印本。所谓“颇有所增订”者，盖即演讲中临时之发挥也。后经汪震、姜师肱、李宏毅、董淮笔记，题《清代政治与学术之交互的影响》，连载于《北京师大周刊》（一九二三年十一月十八日、十二月九日、十二月十六日及一九二四年一月十三日四期）。后又作为王桐龄《中国史》第四编之代序，冠于该书卷首，文末且有王氏《题识》曰：

> 右系民国十二年十一月梁任公先生在北京师范大学公开讲演之短篇论文，原题为“清代学术与政治之交互的影响”，以其文简单明了，可以通观清代大势，刊之卷首以代序文。

任公此文简洁畅达，将清代政治与学术之关系，讲得透彻，说得明白，且融个人情感于其中，颇能动人。

我们若将《清代学术概论》、《中国近三百年学术概略》、《中国近三百年学术史》与这五篇文章，汇齐并观，可见前三者是一脉相承的；而所附的五篇文章，则又是与之互为补充与发明者也。

前“近因与远因”一节言及任公一九一八年家居，为儿辈讲“学术流别”之“备忘录”，梁启勋谓“实《清代学术概论》之胚胎”，良有以也。兹亦将此备忘录拟题作“清代学术流别纲目”，一并附后云尔。

四、版本与校本

《共学社史学丛书》本《清代学术概论》，自一九二一年二月由商务印书馆印行第一版之后，畅销海内外。一九三〇年三月印至第八版；同年四月，改版纳入《万有文库》（内封页又冠《国学基本丛书》名），称第一版。一九三四年九月，以原《共学社史学丛书》本改列《大学丛书》，称第一版；至一九四〇年十月第四版。一九四四年七月，商务印书馆重庆重排《大学丛书》本，称渝第一版；一九四五年四月，渝第三版。一九四七年二月又以原《共学社史学丛书》本改列《新中学文库》本第五版。仅就此为止，商务印书馆分别将该书纳入《共学社史学丛书》、《万有文库》、《国学基本丛书》、《大学丛书》（沪版、渝版）、《新中学文库》等丛书，至少印行了二十一版。

一九三六年中华书局编辑《饮冰室合集》，《清代学术概论》据商务印书馆本收入，作为专集之一种出版（与《盾鼻集》合一册）；此本未曾单行。直到一九五四年十月，中华书局始将《清代学术概论》部分以《合集》本旧纸型印行三千一百册（定价叁仟柒佰元）；一九五七年一月，重印两千册（定价三角四分）。

香港方面，有一九六三年一月香港中华书局初版。台湾方面，有台湾商务印书馆一九六六年八月《人人文库》本，一九六八年三月《国学基本丛书》本（与《清学案小识》合一册），一九七七年《大学丛书》本；台北水牛出版社一九七一年五月《水牛新刊》第十九号（系影印《共学社史学丛书》本）；台湾中华书局一九七一年八月单行本（台六版）；台湾启业书局一九七二年二月单行本（台一版）；等等。

大陆方面，直到一九八五年九月，始有复旦大学出版社出版了朱维铮先生校注的《梁启超论清学史二种》，内收《清代学术概论》与《中国近三百年学术史》。《清代学术概论》，朱先生以《大学丛书》本作底本，校注着力于对任公原书内史实、引文等的矛盾与讹误，并详加考案。后朱先生另加长文之《导读》，于一九九八年一月由上海古籍出版社纳入《蓬莱阁丛书》出版，此本为当今诸本中影响最为广大者也。

早在一九二三年一月三十日，任公与张菊生、高梦旦函曰："《清代学术概论》日本有两译本，一售壹元八角，一售二元五角。"其实，就在《清代学术概论》出版当年的七月，日本《史林》第六卷第三号就刊出了那波利贞所写的书讯：

> 梁启超曾受胡适劝诱，云晚清今文学运动于思想界影响至大，既经历此役，不可无一书纪之；又兼受蒋方震所著《欧洲文艺复兴时代史》之刺激，乃有此著述。自清代思潮大势说起，讨论清朝学问之来由，

如黎明运动者之顾炎武，科学者之梅文鼎，戴震、惠栋之学风，段玉裁、高邮王氏父子之学派，又如经学之隆盛，王夫之、黄宗羲、万斯同以下钱大昕、何秋涛等人之史学，阮元、谢启昆等人之地志，其他如地理学、金石学、清学分裂导火索之经学今古文之争等事，叙述今文学运动中心人物康有为等人，论述中国人因富于学问之本能，而有清代学术之隆盛。

一九二二年即出现三个日译本矣：一橘仁太郎译本（《日本读书协会甲种会报》第十九号），二渡边秀方译本（读画书院），三桥川时雄译本（东华社）。后一九三八年三月，东京文求堂书店据商务印书馆《大学丛书》本进行重排，印行了中文版，而且还做了校勘。书末附记曰："本书内容皆从原书，仅订正明显的书名误植，如孙星衍《尚书今古文注疏》误作《尚书古今文注疏》、简朝亮《论语集注补正述疏》误作《论语集注补正迷疏》、章学诚《亳州志》误作《毫州志》、孙诒让《名原》误作《原名》、《经训堂丛书》本《墨子》误作《平津馆丛书》本《墨子》等处。"后文求堂版又由东京龙文书局于一九四六年出版第三印。按，"论语集注补正迷疏"当作"尚书集注迷疏"。又按，此后犹有山田胜美译注本（大东文化大学东洋研究所一九七三年）、小野和子译注本（平凡社一九七四年初版，一九八二年、二〇〇三年两次重印）出版。

《清代学术概论》各种版本，大体如上所述。其公开出版之文本，诚以商务印书馆《共学社史学丛书》本为最佳，盖后出之本，皆据此本翻印或影印。但也如前“初稿与定稿”一节所梳理，揭橥该书从初稿本到《改造》本、再到定稿本之间些微之变化；而对这些变化痕迹之考察，原因之探求，亦具有神奇般的魔力。

所以，此番整理，选择最为通行的商务印书馆《共学社史学丛书》本一九二四年第五版为底本；以中国国家图书馆藏《清代学术概论》稿本（简称“稿本”）、《改造》杂志排印本（简称“《改造》本”）、商务印书馆《国学基本丛书》本一九三〇年第一版（简称“《国学》本”）、中华书局一九三六年《饮冰室合集》本（简称“《合集》本”）为校本。《自序》、《第二自序》曾收入乙丑重编《饮冰室文集》（简称“《文集》本”），亦以之参校。朱维铮校注本，引述时简称“朱校”。具体原则如下：

（一）底本无讹，但凡其文字与稿本、《改造》本有异者，俱出校说明。

（二）从初稿本到定稿本之间的修改，凡属于局部之增删、改写，今稿本中或墨笔、或朱笔之旁批与眉批之痕迹，是比较清晰的；凡属于整章之改写与增补，通过胡适日记或与《改造》本之对勘，即可梳理得出。这些变化，悉数以校记形式，予以揭示。

（三）任公稿本，原即施以新式标点（含专名线）；而其时之新式标点无顿号，语词（含人名、书名等）并列，俱用逗号；且任公好用分号。今兹标点符号，大体依从稿本，可用顿号者（原为逗号）改为顿号，多数分号改作句号，以合当下之标点符号使用习惯。

（四）底本、稿本、《改造》本三本字旁之单圈“○”，互有出入，兹汇此三本内字旁之有圈者于一本。

（五）任公徵引前人文字，明引暗引，或凭记忆，或述大意，复核原书，颇有差异。今凡脱讹衍倒致文义稍有错乱或文气不甚连贯者，则为校改（补），并出校说明；或备录原文，以资参考。馀则一仍其旧。

（六）凡属于任公本人或时代习用之字，如“箇”、“狠”、“纔”、“那”等，不作校改；避讳字回改，不出校。按，所附文章，或为杂志刊出本、或为演讲记录本，其用字为与全书一致，也做了相应改动，此类情况不出校。

（七）附录之《中国近三百年学术概略》，据稿本收入，并校以南开学校讲义铅排本（简称“南开本”）、《中国近三百年学术史》（简称“《学术史》”）两本。此书正文内小字无括号，与《清代学术概论》异，未作统一。

（八）附录之《清代学术流别纲目》、《清初五大师学术梗概》、《明清之交中国思想界及其代表人物》、《近代学风之地理的分布》、《清代政治与学术之交互的影响》诸文，皆以杂志刊发者为底本，校对情况，参见每篇题下之说明。而《明清之交中国思想界及其代表人物》、《近代学风之地理的分布》两篇，稿本今存，颇能解决问题。至于《清代政治与学术之交互的影响》一文，为据记录稿而刊发者，情况特殊，兹以三本互勘，凡异即出校，此亦尝试之法也。

今者校勘之业，多被视作末屑之学，才大者不愿为，而才小者实亦不能为也。盖其于原书一字之校正，或即可得豁然明了之本意。如第三章：

学派上之“主智”与“主意”、“唯物”与“唯心”、“实验”与“实证”，每迭为循环。

“实证”，诸本皆作“冥证”。按，“实验”与“冥证”，与前两对举之词语法不同；核诸稿本、《改造》本，即作“实证”，是也。今学界亦有以任公“冥证”为治学之法者，详加考述，若非校勘得正，则此问题犹或将引起更多无必要之讨论也欤？

又如第二十六章“然持论既屡与其师不合，康梁学派遂分”之后，稿本原有以下一段：

启超之学，浅薄其一病也，游移其二病也，而归根于不彻底。启超性流动，富于感情，盛情也。

被墨笔画去。又原书于“梁启超可谓新思想界之陈涉”

后，曰：

> 若此人而长此以自终，则在中国文化史上，不能不谓为一大损失也。

“若此人而长此以自终”一句，读起来语感颇为怪异，《国学》本、《合集》本也是如此；核诸稿本，此处作“若此人而长此以‘流寇的学者’自终”，但用朱笔画去了“流寇的学者”，估计是觉得这五个字下得太重了些，可惜文旁却又未写拟改之字。再来看《改造》本，则作“若此人而仅以‘破坏的功业’自终”，当然也是出于任公自己的修改。这两处，正好看出当时任公对自己性格与历史地位之评价矣。

再如第十三章最末一段，论学问之有用与无用，稿本初有任公自述治学经历数句，曰：

> 近世人士多诮此学为无用，吾亦尝附和之。吾年十二三即治此学，嗜之綦笃；十八以后，觉其无用也，弃去，大肆抨击焉。近十年来，始渐悔其所为。

《改造》本刊发时还是初稿本，保留有这几句。后经修改，便删去了，且连着后文也作了较大改动。之所以改动得如此大，估计是听取了三位朋友的意见，且很可能是林宰平或蒋百里。

稿本第二十七章最后所写即章炳麟（附于谭嗣同章之末），今存三行，但又为墨笔勾去，换页重作。仅存之三行文字录如下：

> 此外犹有一人当记述者，曰馀杭章炳麟。炳麟清学正统派最后之健将也，其学博赡淹贯，综理密微。以言论倡革命，备极劳勚。

可见任公初时对章氏之评述。只可惜后面被换页之文字，不得而知矣（据下一章初稿序号“二十六”三字所在位置可知，还有七行文字）。据前引顾先生与胡适函“章太炎先生的学术思想，在社会上也很有势力。梁先生文中叙得极略，我疑心他是门户之见”——“极略”二字，正可说明任公初稿内章氏并未单独设章。顾先生推测章氏“固然也有门户之见”，“对于今文学派的狂妄加以攻击”，所以任公文内将之“叙得极略”，很可能也是出于“门户之见”。

今稿本第十四章朱笔所补“章炳麟之《小学答问》，益多新理解”、“章炳麟《国故论衡》中论音韵诸篇，皆精绝”两处，《改造》杂志第四号（十二月十五日）刊出时还没有；待第五号（一九二一年一月十五日）连载最后一部分时，章氏即已单独一章矣。虽则独立成章，实也较为简略，且如“应用正统派之研究法，而廓大其内容延辟其新径”，“其影响于近年来学界者亦至巨”云，反映出任公对章氏学术认识前后态度之变化也。该章末了，任公评述道：

> 虽然，炳麟谨守家法之结习甚深，故门户之见，时不能免。如治小学排斥钟鼎文、龟甲文，治经学排斥“今文派”，其言常不免过当。而对于思想解放之勇决，炳麟或不逮今文家也。

任公谓章氏“门户之见，时不能免”，与顾先生所说的“我疑心”任公“是门户之见”对看，可视作最佳之互文解读也。

《清代政治与学术之交互的影响》一篇，较《中国近三百年学术史》之第二、三、四章《清代学术变迁与政治的影响》而言，确实是“颇有所增订”的。如关于康熙二十年之后学风转变的原因，归纳出四条；至于“康熙中年以后，学术上重要的潮流有五支”，而在《中国近三百年学术史》里则是“其时学术重要潮流，约有四支”。又如讲到晚清思想界之变化，任公演讲时，以亲历者的身份，叙述起当年故事来，更能吸引听众，故所言内容远较《中国近三百年学术史》本为丰富。且讲演之际，多有加入对时局之评点，如讲到顾亭林“行己有耻”、“博学于文”两句，谓是做人与做学问之标准。——亭林说：“士大夫之无耻，谓之国耻！”——不意任公话锋突然一转，说道：

> 据我说，我们五月七日，因为别人强暴，我们不能抵抗，实在算不得国耻；惟独今年十月七日，那般士大夫昧良丧心，堕行无耻，才算国耻！不知他先生若看着这种现象，将作何种感想哩？

一九一五年五月七日日本公使日置益将最后通牒一件附解释七条送中国外交部，限四十八小时内“照四月二十六日提出之修正案所记载者，不加以何等之更改，速行应诺”，此即日本逼迫袁世凯签署之丧权辱国之“二十一条”也。时北京商务总会致电各省商会，谓“日本利用欧洲战事，乘我新造国家，提出吞并朝鲜同一之条件，逼我承认。五月七日竟以武力为最后之要求，四十八钟内，倘不承认，立即进兵。……自本年五月七日始，我四万万人立此大誓……永存此志，勿忘国耻”。所谓“五月七日”，当指此也。按，中日交涉期间，任公撰有《中日交涉平议》与《中日时局与鄙人之言论》、《解决悬案耶？新要求耶？》、《外交轨道外之外交》、《交涉乎？命令乎？》、《中国地位之动摇与外交当局之责任》、《再警告外交当局》、《示威耶？挑战耶？》诸文（后七篇先译成英文刊发，后辑作《中日交涉汇评》，刊于《大中华》第一卷第四、五期）。至所言“今年十月七日”，当指一九二三年曹锟以五千元一张选票收买议员，又以四十万元高价收买国会议长，成功当选总统事，史称曹氏为“贿选总统”。按，任公曾于一九二三年七月四日致函曹氏，反对以武力、金钱及其他卑劣手段，争取总统职位，有曰：“最近中央政局之扰攘，其祸根全在公之欲为总统，此天下所共见，毋庸为讳也。……公自视威望才略，孰与项城？项城自命一世之雄，卒于千夫所指，无病而死。须知亡项城者乃全国人，非与项城争长之人也。弟不避忌讳，敢以极不祥之预言相告白：我公足履白宫之日，即君家一败涂地之时。”八日，孙中山即下令讨伐曹锟，并通缉惩办附贼国会议员，令曰：“伪巡阅使曹锟，贿诱议员，迫以非法，僭窃中华民国大总统，其背叛民国，罪迹昭著。……悍然不顾天下之是非，其怙恶不悛，自绝于吾民，已可概见。……我同胞将士护国、护法，已历年所，岂能容庇国贼，妄干大位？兹特宣布罪状，申命讨伐，我全国爱国将士无问南北，凡能一致讨贼者，悉以友军相视，共赴国难，以挽垂危之局。”（《陆海军大元帅大本营公报》第三十三号《大元帅令》）这就使得历史之研究，有了现实的关怀。

为任公文字作校勘，洵非易事。盖任公所论述者，时代之升降，思想之蜕变，国之大势也。区区之志，并不拟与任公作讼人，然凡事都问个来处，固是读书之道。是耶非耶，其在读者诸君。

五、馀论与馀音

钱穆与弟子余英时函曰：

> 梁任公于论学内容固多疏忽，然其文字则长江大河，一气而下，有生意、有浩气，似较太炎各有胜场。即如《清代学术概论》，不论内容，专就其书体制言，实大可取法。近人对梁氏书，似多失持平之论，实则在“五四”运动后，梁氏论学各书各文均有一读之价值也。（《素书楼馀沛》）

钱氏于清代学术、思想史、政治史之研究，盖亦受任公之影响，于同名之《中国近三百年学术史》一书可知也。但钱氏也指出了任公“论学内容固多疏忽”这一现实，所以朱维铮先生在校注时，针对任公叙述自己之历史——“纯以超然客观之精神论列之，即以现在执笔之另一梁启超，批评三十年来史料上之梁启超也”（任公《自序》），朱先生反问道：“他是否做到了对于‘史料上的梁启超力求忠实’？”于是，对任公行文内存在的史实、时间、人物关系、引文脱讹诸多问题，都一一进行了严格的考辨、引证与评述。

如任公《自序》谓“余于十八年前，尝著《中国学术思想变迁之大势》，刊于《新民丛报》，其第八章论清代学术”云，朱维铮先生指出：

> 据《新民丛报》，《中国学术思想变迁之大势》第八、九二章，即题作《近世之学术》（起明亡以迄今日）的三节，刊出时间为一九〇四年。以下引文三段，均见于此二章，故“十八年前”说不确，当作“十六年前”。

朱先生于该书校注本之《导读》内，亦曾详考此时间问题，可以参看。按，任公《论中国学术思想变迁之大势》原计划写八章，前六章连载于《新民丛报》一九〇二年第三、四、五、七、九、十二、十六、十八、二十一、二十二号；第八章即《近世之学术》，连载于一九〇四年第五十三、五十四、五十五、五十八号，卷首曰：

> 本论自壬寅秋阁笔，馀稿久未续成，深用歉然。顷排积冗，重理旧业，以三百年来变迁最繁，而关系最切，故先论之。其第六章未完之稿及第七章之稿，俟本章撰成，乃续补焉。

该篇第七章后竟未作。又曰：

> 原稿本拟区此章为二：一曰衰落时代，一曰复兴时代。以其界说不甚分明，故改今题。

任公所言，盖指撰《论中国学术思想变迁之大势》之时间，早已拟目，后文且曰："余今日之根本观念，与十八年前无大异同；惟局部的观察，今视昔似较为精密。"故谓"十八年前"，实无不宜。

再者，朱维铮先生校注《清代学术概论》依据的底本是《大学丛书》本，其第十章有一段曰：

> 栋固以尊汉为标帜者也，其释"箕子明夷"之义，因欲扬孟喜说而抑施雠、梁丘贺说，乃云："谬种流传，肇于西汉。"（《周易述》卷五）

朱校曰："谬种，《周易述》原作'谬说'，《汉学师承记》引作'谬种'，此当据江书转引。"按，朱校所谓之"江书"即江藩《国朝汉学师承记》。由于惠栋《周易述》原作"谬说"，而江藩《国朝汉学师承记》叙述时作"谬种"，所以朱校论定任公作"谬种"必是转引自江书。然则，是江藩《国朝汉学师承记》将"谬说"改作了"谬种"耶？亦非也。钱大昕《潜研堂文集》卷三十九《惠先生栋传》作"谬种"，李元度《国朝先正事略》、方东树《汉学商兑》、徐世昌《清儒学案》诸书因之，故谓任公"当据江书转引"，似亦不确。再者，核诸任公稿本，此处实作"谬传"，商务印书馆诸本（包括所见之沪四版、渝二版之《大学丛书》本）与中华书局《饮冰室合集》本皆同，未详朱先生所据。"传"字显系笔误（与"说"、"种"二字，既不同音，亦不形近），则益不能推定其源自何书矣。

又如第十一章，钞录《孟子字义疏证》之精语，有一条曰：

> 君子之治天下也，使人各得其情，各遂其欲，勿悖于道义。君子之自治也，情与欲使一于道义。夫遏欲之害，甚于防川，绝情去智，充塞仁义。

朱校曰：

> 此段引文不见于《孟子字义疏证》，而见于《汉学师承记》卷五《戴震传》。所述大意，略见于《原善》卷中，现录以资参照："禹之行水也，使水由地中行。君子之于欲也，使一于道义。治水者徒恃防遏，将塞于东而逆行于西，其甚也决防四出，泛滥不可救。自治治人，徒恃遏御其欲，亦然。能苟焉以求静，而欲之翦抑窜绝，君子不取也。君子一于道义，使人勿悖于道义，如斯而已矣。"

两段文字，相异甚多。按，上述文字，朱校虽谓"见于《汉学师承记》卷五《戴震传》"，但亦未细考江氏从何处转引来。其实，该段文字出洪榜《初堂遗稿》卷一《戴先生行状》。

其他如第六章关于《明夷待访录》，说道：

> 其最有影响于近代思想者，则《明夷待访录》也。……后此梁启超、谭嗣同辈倡民权共和之说，则将其书节钞，印数万本，秘密散布，于晚清思想之骤变，极有力焉。

按，节录《明夷待访录》之《原君》、《原臣》两篇，印成小册宣传者，实为杞忧公子（据方祖猷先生考证，杞忧公子为孙中山先生之化名），该书卷首序末署“乙未立夏，杞忧公子小引”，乙未即光绪二十一年（一八九五）。冯自由《革命逸史初集·自序》谓光绪甲午（一八九四）孙中山于日本横滨创立兴中会，“时兴中会之宣传品仅有二种：一为《扬州十日记》……二为黄梨洲《明夷待访录》选本之《原君》、《原臣》篇”，是知此节本实为革命派之宣传工具也。而任公东渡日本后，曾选编《明儒学案》，于光绪三十一年十一月由新民社发行《节本明儒学案》，封面署“黄梨洲先生元著、饮冰室主人节钞”。据该书例言：

> 良以今日学绝道丧之馀，非有鞭辟近里之学以药之，万不能矫学风而起国衰。求诸古籍，惟此书最良。而原本浩瀚，读者或望洋而畏，不能卒业；又或泛泛一读，迷于蔓枝，仍无心得。……故公此本于世，亦为同志略节精力云尔。

并未及“民权共和”之说。而任公后在一九二三年作《清初五大师学术梗概》演讲时，却说：

> 我少年时代，受这本书的刺激狠深。当我二十几岁的时候，在长沙时务学堂教书，同事诸人差不多每天要谈到这本书。其时这书是禁书，外间无从得到，便集合了许多人，秘密印了几千部，到处送人。大家辗转翻刻，散布了不晓得几万本。中国的革命，与这本书实在大有关系。

至于是“将其书节钞，印数万本，秘密散布”，还是“秘密印了几千部，到处送人”，现在未能找到确切的证据。任公说“在长沙时务学堂教书，同事诸人差不多每天要谈到这本书”，估计是实情。据《湘报》第一百零二号（一八九八年七月六日）登载广告：“本馆新到新刻各种时务书：《明夷待访录》，每部钱一百五十文。”后一百零六号且有附言曰：

> 院试匪遥，时务书急宜购阅，第恐距馆较远者，购取为难，现寄存南阳街经济书局分售。

第一百零九号又加入“南正街维新书局”分售处。直到第一百五十二号（一八九八年九月十二日）起，在售书目里就不再出现《明夷待访录》了。我们说，任公在长沙时务学堂教书期间，“醉心民权革命论”（《时务学堂札记残卷序》）；后东渡日本，创办《清议报》、《新民丛报》期间，则倡平等自由学说，鼓吹破坏主义，主张建立民主共和国。

《清代学术概论》虽为学术著作，但学术与政治实有深层次之交互的影响，所以，融入了著者生命体验的学术史，确实给我们带来了全新的阅读感受与无穷的想象空间。

任公《中国学术史》五部之撰写，最终稿就两端，一先秦，一清代。《清代学术概论》的写作，距今适值百年。而百年来学术之升降与思想之变迁，亦皆受时代与政治之左右，故今日再读任公著作，是重有感焉！

去岁校订《中国近三百年学术史》毕，即从事《清代学术概论》之董理。不意年初疫情忽起，人心恍惚，时多无聊，前途难卜。至二月十六，复工复产，案牍劳形，平时之思绪，腾跃而复杂。校订工作，直陷捉襟见肘之境地。任公曰“无负今日”，予之爬梳，锱铢必较，一则求其“无负”之心，再者实亦觅静之良方也。其间复得谭苦盦、李成晴、郑凌峰、郭惠灵、辜艳红、陈翔、李碧玉、刘景云、苏枕书、张伟、许庆江、鲁明、姚文昌诸学友之助，或代为校对，或代觅资料；苦盦兄尝为考覆，审核匡正，高论迭出，惠我良多，每曰“相见以诚”，令人感动！昔人曰：“中年以往，朋友难求。”诚哉斯言！岁月如驰，识此以志不忘云。

庚子初秋，俞国林于仰顾山房。

（原载2020年10月14日《澎湃新闻·翻书党》，作者系中华书局学术著作出版中心编辑）

章太炎《春秋左传读》成书时间考

朱兆虎

章太炎先生于《太炎先生自定年谱》光绪二十二年丙申（1896）二十九岁条下自云："作《左传读》。余始治经，独求通训诂、知典礼而已；及从俞先生游，转益精审，然终未窥大体。二十四岁，始分别古今文师说。谭先生好称阳湖庄氏，余侍坐，但问文章，初不及经义。与穗卿交，穗卿时张《公羊》、《齐诗》之说，余以为诡诞，专慕刘子骏，刻印自言私淑，其后遍寻荀卿、贾生、太史公、张子高、刘子政诸家左氏古义，至是书成。然尚多凌杂，中岁以还，悉删不用，独以《叙录》一卷、《刘子政左氏说》一卷行世。"是以学者皆以《春秋左传读》成于是年。

中华书局2015年出版的《宋云彬旧藏书画图录》，收录了宋云彬摹录章太炎上曲园老人手札九通，其中第四通云及："三月间以《左传读》尘览，旋受诲函，教以无守门户，且谓立说纤巧，甚难实非，读之不禁汗下。既而思之，耕柱驱骥，以其足责，或不以庸鄙见待，又忻跃无既也。学问疏倰，索居尠友，近遂付刊，冀遇有道，纠其敹戾，令得用谞，故非自炫。谨陈十部，幸不擿还。麟疴沴相缠，又遭天伦之戚，（家姊病殁，益无聊赖。）忧疢箸胸，面有墨色。”末署时间为“七月二十六日”。按西泠印社2015年春季拍卖会第2102号拍品，发现有太炎所撰之《姊朱君恭人诔》手迹一件，中云：“姊归钱唐朱际清通判，四品衔，故封恭人。年四十六，光绪十九年七月丙午（二十六日）卒。”则是太炎上曲园老人第四通手札作于光绪二十九年（1893），札云“近遂付刊”，则《春秋左传读》当于1893年成书并印行。《复堂日记》光绪二十一年九月二十三日记云：“为馀杭章生炳麟枚叔呈杂文三篇，章生劬学善病，尝撰《春秋左氏传》，有志治经。前年杨春圃以所作文字质，已略指正之矣。”“前年”正是1893年，亦可佐证。

钱玄同1938年《与顾起潜书》云：“先师章君之《春秋左传读》，弟于三十年前曾在师处见其自藏之本，其后向先师之兄仲铭丈乞得一部。书系缮写石印，板式及大小，略如石印《清经解》正续编。各卷系两人分写，一字迹稍大，体较古雅，系先师自写；一字迹稍小，体较凡俗，盖抄胥所写。书签为冯梦香一梅篆书。”又云：“民元二年间识仲铭丈时，虽曾乞得一部，但铭丈已云家中仅馀数部。今又阅廿馀年，铭丈下世亦近十年，以后恐绝难再得矣。”（《制言》，民国二十八年第五十期）今国家图书馆藏《春秋左传读》石印本（著录号 3045），书衣题“癸丑六节丙辰赉心孚，钱夏”，并钤“钱夏”名印（卷一钤有“康心如臧书印”，知后为康心孚之弟康心如所藏），与致顾廷龙书所述无不吻合，即《春秋左传读》之初印本（《钱玄同日记》1912 年 11 月 28 日也曾提及），钱玄同谓其“出板当在戊戌以前”。又癸丑六节丙辰是阳历 1913 年 6 月 4 日（惜本月钱玄同未作日记），与向章仲铭乞得之时间相合，颇疑钱氏乞得后转赠康心孚也。今国图藏本著录时间为民国初（另一本著录号 63064 者同），姜义华《春秋左传读校点说明》云“太炎在清末倩人誊录一过，一九一三年其学生将誊录稿缩小石印”（《章太炎全集》第二册），殆因书衣钱玄同“癸丑六节丙辰赉心孚”题赠语，遂误以该年由太炎学生所印。1913 年石印《左传读》，未见记载；又太炎因为少作，欲重新编次，故生前未再刷印，直至 1939 年方由潘景郑影印百帙。潘氏跋云“得姊夫顾君起潜之力，自故都觅假一本”（见章氏国学讲习会印：《春秋左传读》，民国二十八年十二月印本〔民国廿九年四月赠国立北平图书馆第五十四部〕，国家图书馆藏，著录号 64706），盖即钱玄同与顾廷龙书所谈论者。

太炎本年三月曾向曲园呈《春秋左传读》（见宋云彬摹录太炎手札第一通），请序不获，遂付石印。札云“近遂付刊”，定是石印，石印周期短，故能三四月而竣工。且是缩小石印，以省工物之费，太炎上曲园手札第四通后有“使得专意读书，无营薪水”之语，盖太炎当时亦有乏资之忧。

今国图藏石印本首为《春秋左传读叙录》一卷，即第一通所谓“又驳刘申受书，以明《左氏》原委”者，太炎光绪二十九年癸卯《与刘光汉书》亦云：“曩时为《左传读》，约得三十万言，先为《叙录》，以驳申受之义。”（《太炎文录初编》卷二）后收录《章氏丛书》者修订较大。次为《春秋左传读》九卷，除卷九末页“重定鲁于是始尚羔说”一条外，条目均无标题。姜义华整理本即以之作底本，收录八百八十七条，减去据《续编》手稿增补之二十条，计八百六十馀条，与第一通“日积月累，得《左传读》八百馀条”相合。诸祖耿《记本师章公自述治学之功夫及志向》云：“既治《春秋左氏传》，为《叙录》驳常州刘氏。书成，呈曲园先生，先生摇首曰：‘虽新奇，未免穿凿，后必悔之。’由是锋芒乃敛。”亦与所受曲园函诲及第一通手札所述相合。可知国图所藏之钱玄同赠本即是本年石印之本。

而《自定年谱》云光绪二十二年“书成”，今国图藏本应非该年所成之别一版本。兹举一事如下：《左传读》九卷，例同《膏兰室札记》，所见辄录，以时间为次。今与《诂经精舍课艺》七、八两集相比勘，《七集》所收为太炎光绪十六年庚寅至十九年癸巳课艺，其中《鲁于是始尚羔解》，对《左传读》卷六“范献子执羔”有所增订，《左传读》石印本卷九末页又有“重定鲁于是始尚羔说”一条，复对《鲁于是始尚羔解》重作修订，从笔迹看，显系全稿誊定后，最后补加者。是《左传读》石印前，对光绪十九年癸巳以前之课艺所得，有作修订。《八集》为光绪二十年甲午至二十二年丙申课艺，有增订《左传读》者，如《僖二十年西宫公穀异义说》之于《左传读》卷四“己酉西宫灾”，《所侠也解》之于《左传读》卷八“挟卒”，而《左传读》并无对《八集》所收作修订者。

《自定年谱》云光绪二十年甲午二十七岁“始与钱唐夏曾佑穗卿交”，前引谭献日记，光绪十九年初，太炎托杨春圃转呈《左传读》文字向谭献求正，知太炎与谭献始交，亦在光绪十九年癸巳以后。则太炎“遍寻荀卿、贾生、太史公、张子高、刘子政诸家左氏古义”，当在甲午以后，也即《刘子政左氏说》撰于《左传读》成书之后。又《左传读》石印后，太炎续有修订，今藏上海图书馆《春秋左传读续编》手稿，二十三页，二十条，二万馀字，或新得，或补充例证，或改订前说，并有对《诂经精舍课艺七集》所收《荆尸解》作增订者，姜义华整理本已增补至《左传读》相应条目。《续编》是否仅此二十条，抑或尚有散佚条目，暂不可知。然则太炎谓“至是书成”者，似合《春秋左传读》《春秋左传读续编》《春秋左传读叙录》及《刘子政左氏说》等而言之，或总名之为《春秋左传读》。

太炎撰《左氏春秋考证砭》一卷、《后证砭》一卷、《驳箴膏肓评》一卷，叙曰：“尝作《左传读》，粗有就绪，尤未成书。乃因刘氏（逢禄）三书，驳《箴膏肓评》以申郑说，砭《左氏春秋考证》以明《传》意，砭《后证》以明称‘传’之有据，授受之不妄。”（《章太炎全集》第二册）《春秋左传读叙录》对刘逢禄《左氏春秋考证》卷下逐条驳正，即是《后证砭》，此三书作于同时，皆在《左传读》成书以前，即光绪十九年癸巳以前也。《驳箴膏肓评》手稿封面题“摄提格夏日至后旬陆沉居士自署”（《章太炎全集》第二册卷首插页），太岁在寅曰摄提格，疑此三书撰于光绪十六年庚寅前后。

（原载《传统中国研究集刊》第二十二辑，上海社会科学院出版社2020年5月版。作者系中华书局学术著作出版中心编辑）

古籍今注今译，不可忽视人文背景——以《颜氏家训》为例

王守青

近年来的传统文化出版领域，经典名著的注译本受到了广泛的欢迎，各种今注今译本如同雨后春笋般层出不穷。古籍的今注今译，担负着我国优秀传统文化的普及任务，要在准确。但在古籍今译中常常会出现这样一种现象：对疑难字句谨审小心有余，出现常识性错误的比例较低；对习见字句则思索不足，造成的注译失当之处较多。对习见字的误读，往往是以今义释古义。但古籍今注今译，不仅仅是字面上的对应，还应充分考虑古籍著作特定的人文背景。如果忽略这一重要因素，不去探究原著产生的时代背景、原著者的生活环境、个人经历及思想感情，并且脱离前后文关联来理解，今注今译很难做到准确，难免理解片面甚至错误。为便于说明问题，现择取一种古籍——《颜氏家训》为例做一论述。

1.《礼经》:父之遗书，母之杯圈，感其手口之泽，不忍读用。政为常所讲习，雠校缮写，及偏加服用，有迹可思者耳。若寻常坟典，为生什物，安可悉废之乎？既不读用，无容散逸，惟当缄保，以留后世耳。(《风操第六》)

这段文字中的“遗书”一词，笔者看到现有的几个注译本基本译为“遗留的书籍”“所读之书”等，但此处更准确的解释当为“遗著、遗作”。“父之遗书，母之杯圈”与“寻常坟典，为生什物”相对应，显然这个“遗书”并非一般意义的前人留存的书籍。颜之推所引《礼经》的这句话出自《礼记 · 玉藻》篇 :“父没而不能读父之书，手泽存焉尔；母没而杯圈不能饮焉，口泽之气存焉尔。”孔颖达疏：“谓其书有父平生所持手之润泽存在焉，故不忍读也。”指的是留有父亲手迹的书。具体到颜氏本人，“父之书”，《梁书·颜协列传》载颜之推父颜协“撰《晋仙传》五篇，《日月灾异图》两卷，遇火湮灭”。此处说明颜之推父亲是有著作的，再联系后文“政为常所讲习，雠校缮写”，并非“寻常坟典”，更可证此处当为“遗著，遗作”之意。

《文章第九》篇对此也有叙述 :“吾家世文章，甚为典正，不从流俗，梁孝元在蕃邸时，撰《西府新文》，讫无一篇见录者，亦以不偶于世，无郑、卫之音故也。有诗、赋、铭、诔、书、表、启、疏二十卷，吾兄弟始在草土，并未得编次，便遭火荡尽，竟不传于世。”各本均仅译出了字面上的“遗留”“书籍”之意，却未译出作者所强调的其先父“遗著”之意。这样译也就导致了后文的“常所讲习，雠校缮写”没有依托，令人难以理解。

> 2. 不屈二姓，夷、齐之节也；何事非君，伊、箕之义也。自春秋已来，家有奔亡，国有吞灭，君臣固无常分矣；然而君子之交绝无恶声，一旦屈膝而事人，岂以存亡而改虑？陈孔璋居袁裁书，则呼操为豺狼；在魏制檄，则目绍为蛇虺。在时君所命，不得自专，然亦文人之巨患也，当务从容消息之。（《文章第九》）

这段文字中的“何事非君，伊、箕之义也”一句，各注译本分别译为“任何君王都可侍奉，这是伊尹、箕子所行的道义”“对任何君王皆可侍奉，这是伊尹、箕子所持的道义”和“事奉不该事奉的君主，是伊尹和箕子的准则”等。各译本表达的意思一致，都是讲伊尹和箕子“任何君主都可侍奉”。而实际上历史上的伊尹和箕子，并不是任何君王都事奉的人，他们的行为恰恰相反：商王太甲荒淫失度，伊尹放之桐宫三年，有斥主逐君之举；纣王暴虐无道，箕子佯狂以为奴；武王灭商后，箕子不愿效命新朝，遂走之朝鲜。三种译本都未考虑史实而仅仅从字面上来理解这句话的含义，而在脱离史实及上下文语境的情况下，字面上的含义也必然弄错。这里的“何事”，为“为何，何故”之意；而“非”字，为“违背，不合”之意。这句话的意思，当为“何故违背君主，因为这是伊尹和箕子的道义”。

这样才与上句的“不屈二姓，夷、齐之节也”对应，而下文作者讲“君臣固无常分”，也强调的是违背君主并非多么不合理的事情。另外，本段强调的是“君子绝交不出恶声”，而“何事非君”就是讲的“绝交”之事。

> 3. 自荒乱以来，诸见俘虏，虽百世小人，知读《论语》《孝经》者，尚为人师；虽千载冠冕，不晓书记者，莫不耕田养马。以此观之，安可不自勉耶？若能常保数百卷书，千载终不为小人也。（《勉学》第八）

这一段文字中出现了两处“小人”。第一处“小人”，有的译本译为“平民百姓”，有的译为“出身低下的人”。第二处“小人”，被译为“贫贱之人”“低贱小人”或“受人奴役”。

我们看到，从句式上看，与“小人”相对的，为“冠冕”，是冠族、仕宦之家的意思，也即显贵的豪门世族。再看下面这段文字：

> 吾见世中文学之士，品藻古今，若指诸掌，及有试用，多无所堪。居承平之世，不知有丧乱之祸；处庙堂之下，不知有战陈之急；保俸禄之资，不知有耕稼之苦；肆吏民之上，不知有劳役之勤，故难可以应世经务也。晋朝南渡，优借士族；故江南冠带，有才干者，擢为令仆已下尚书郎中书舍人已上，典掌机要。其余文义之士，多迂诞浮华，不涉世务；纤微过失，又惜行捶楚，所以处于清高，盖护其短也。至于台阁令史，主书监帅，诸王签省，并晓习吏用，济办时须，

纵有小人之态，皆可鞭杖肃督，故多见委使，盖用其长也。人每不自量，举世怨梁武帝父子爱小人而疏士大夫，此亦眼不能见其睫耳。(《涉务》第十一)

这段文字中出现的“小人”，有的译本作“粗鄙小人”，有的译为“出身低微的人”，等等。与本段“小人”相对的是“士大夫”。

这两段中的“小人”的共同之处，是其所对应的均为士大夫、世族。那么这些“小人”到底指什么人，应该如何释读呢？我们继续来搜检其他同时期史籍中的同类记载。

《南史·江斅列传》：“先是中书舍人纪僧真幸于武帝，稍历军校，容表有士风。谓帝曰：‘臣小人，出自本县武吏，邀逢圣时，阶荣至此。为儿昏，得荀昭光女，即时无复所须，唯就陛下乞作士大夫。’帝曰：‘由江斅、谢瀹，我不得措此意，可自诣之。’僧真承旨诣斅，登榻坐定，斅便命左右曰：‘移吾床让客。’僧真丧气而退，告武帝曰：‘士大夫固非天子所命。’”

《宋书·王弘列传》：“右丞孔默之议：‘君子小人，既杂为符伍，不得不以相检为义。士庶虽殊，而理有闻察，譬百司居上，所以下不必躬亲而后同坐。’”

《南史》中与“小人”相对应的是“士大夫”；《宋书》中的君子和小人，分别指代的是“士”与“庶”。

从以上例子可以看出，“小人”，作为魏晋南北朝时期出现频率较高的一个词汇，既可用于他称，也可用于自称，但其所指是一致的，都指的是士庶之“庶”。

颜之推所生活的魏晋南北朝时期，是门第观念极重的时期。当时的整个社会都注重门第，士族与庶族界限严格，“士庶之际，实自天隔”。王仲荦先生在《魏晋南北朝史》中指出：“南朝世家大族的社会地位，比起他们的政治和经济地位来，更显得优越。世族、寒门两者身份高下不同，‘服冕之家，流品之人，视寒素之子，轻若仆隶，易如草芥，曾不以之为伍’（《文苑英华》卷760引《寒素论》）。”不止是婚姻方面讲求门当户对，遵循“士庶不通婚”的严格规定，甚至有士族子弟不同寒人结交、不同坐席的情况。此类记载比比皆是。

《世说新语·方正》篇记载：“刘真长、王仲祖共行，日旰未食。有相识小人贻其餐，肴案甚盛，真长辞焉。仲祖曰：‘聊以充虚，何苦辞？’真长曰：‘小人都不可与作缘。’”“作缘”即结交之意。《晋书·陶侃列传》载出身寒微的陶侃与豫章国郎中令杨晫同乘去见中书郎顾荣，“荣甚奇之。吏部郎温雅谓晫曰：‘奈何与小人共载？’晫曰：‘此人非凡器也。’”祝总斌先生在《素族、庶族解》一文中也指出：“士庶之‘庶’，即庶人、寒人、小人。”因而《颜氏家训》中“小人”一词的准确解释，当为“寒人”或“庶人”，指的是门第低微之人。《汉语大词典》将此处的“小人”解释为“识见浅狭的人”，似也并未考虑到颜之推所处的时代背景。

士族优越感的重要原因之一，是他们相比寒门庶族，除了政治、经济方面，还占有文化方面的优势。颜氏家族为当时的世家大族之一，颜之推作《家训》主旨即为了门第的有效延续，因此他强调“终不为小人”的前提，是“常保数百卷书”。

> 4. 思鲁等姨夫彭城刘灵，尝与吾坐，诸子侍焉。吾问儒行、敏行曰：“凡字与谘议名同音者，其数多少，能尽识乎？”答曰：“未之究也，请导示之。”吾曰：“凡如此例，不预研检，忽见不识，误以问人，反为无赖所欺，不容易也。”因为说之，得五十许字。诸刘叹曰：“不意乃尔！”若遂不知，亦为异事。（《勉学》第八）

“谘议”是刘灵的官职，文中指代刘灵。这段文字是颜之推问刘灵的儿子们，与刘灵的名字同音的字有多少。诸子不清楚，颜之推便给他们找出了约五十个字。这是讲名讳问题的。魏晋南北朝时期，门阀制度的盛行使得士大夫重视门第，因此家讳成为士大夫阶层彰显、炫耀门第的重要手段。所谓家讳，就是说子孙要避父祖的名讳。避讳包括了避相同的字以及音同或音近的字（即所谓的“嫌名”）。当时许多文人对避讳的运用非常熟练，甚至达到信手拈来的程度。《南史·王僧孺列传》载太保王弘“日对千客，不犯一人之讳”。

《南史·王珣列传》还记载王绚之父名王彧，外祖父何尚之以《论语》同他打趣："可改耶耶乎文哉？"（《论语·八佾》："周监于二代，郁郁乎文哉，吾从周。"）"耶"即父，以代王绚父名"彧（郁）"。王绚应声答曰："尊者之名，安可戏，宁可道草翁之风必舅。"（《论语·颜渊》："君子之德风，小人之德草，草上之风必偃。"）"翁"即指外祖父，避何尚之名"尚"（上）；又王绚的舅舅名"偃"，所以用"舅"避"偃"字。

颜之推在《家训》中也记载了这样一个例子："梁世谢举，甚有声誉，闻讳必哭，为世所讥。又有臧逢世，臧严之子也，笃学修行，不坠门风；孝元经牧江州，遣往建昌督事，郡县民庶，竞修笺书，朝夕辐辏，几案盈积，书有称'严寒'者，必对之流涕，不省取记，多废公事，物情怨骇，竟以不办而退。此并过事也。"

《世说新语·任诞第二十三》中记载："桓南郡被召作太子洗马，船泊荻渚，王大服散后已小醉，往看桓。桓为设酒，不能冷饮，频语左右令'温酒来'。桓乃流涕呜咽。王便欲去，桓以手巾掩泪，因谓王曰：'犯我家讳，何预卿事！'"桓玄父桓温，桓玄因父名讳被犯而痛哭。

"闻讳而哭"，可见当时避讳的严格。这是家讳被无意触犯的情况。若家讳被有意触犯，人们则会针锋相对，反唇相讥。《世说新语·排调》里即记载了几则这类小故事：

> 晋文帝与二陈共车，过唤锺会同载，即驶车委去。比出，已远。既至，因嘲之曰："与人期行，何以迟迟？

> 望卿遥遥不至。”会答曰：“矫然懿实，何必同群！”帝复问会：“皋繇何如人？”答曰：“上不及尧、舜，下不逮周、孔，亦一时之懿士。
>
> 锺毓为黄门郎，有机警，在景王坐燕饮。时陈群子玄伯、武周子元夏同在坐，共嘲毓。景王曰：“皋繇何如人？”对曰：“古之懿士。”顾谓玄伯、元夏曰：“君子周而不比，群而不党。”

遥遥，形容时间长久。因为锺会的父亲名“繇（遥）”，所以晋文帝用“遥遥”来戏弄锺会。矫然，形容高超出众。懿实、懿士，指有美德实才的人。陈骞的父亲名陈矫，晋文帝的父亲是司马懿，陈泰的父亲名陈群，祖父名陈寔（实）。锺会在回答时或者直用其名，或者用同音字，以此来针对他们三人。

还有一则记载：“庾园客诣孙监，值行，见齐庄在外，尚幼，而有神意。庾试之，曰：孙安国何在？’即答曰：‘庾稚恭家。’庾大笑曰：‘诸孙大盛，有儿如此！’又答曰：‘未若诸庾之翼翼。’还，语人曰：‘我故胜，得重唤奴父名。’”庾园客，即庾爰之，小名园客，是庾翼（字稚恭）的儿子。孙监，指孙盛，字安国，任秘书监，所以称孙监。齐庄，是孙放（孙盛的儿子）的字。这段文字中，庾园客用了齐庄父亲的字，齐庄也直称“庾翼”来报复。翼翼，为蕃盛、隆盛貌。齐庄用“翼翼”来回复庾园客所言的“大盛”，因为用了两个“翼”字，所以得意地说“我故胜，得重唤奴父名”。

《世说新语·排调》篇这几则充满戏弄调笑的小故事，被当时的人们视为风雅之事而津津乐道。在当时的士大夫阶层中，甚至以避讳方面的表现来品评人物。《晋书·陆机列传》载：“范阳卢志于众中问机曰：‘陆逊、陆抗于君近远？’机曰：‘如君于卢毓、卢珽。’志默然。既起，云谓机曰：‘殊邦遐远，容不相悉，何至于此！’机曰：‘我父祖名播四海，宁不知邪！’议者以此定二陆之优劣。”陆抗、陆逊分别是陆机的父、祖，卢珽、卢毓则分别是卢志的父、祖。对直接触犯自己父、祖名讳的人，陆机以对方的父、祖名讳针锋相对作答。

颜之推此处就是考察子弟们这方面的基本常识扎实与否，以避免可能遇到的挑衅。其中的“忽”字，各本有的译为“临时”,有的译为“突然”。这里当译为“或,倘或”，表示或然，可能出现。“误以问人”，有的译为“错拿去问人”，有的译为“问错了人”。这里的“误”字并不是错误之意，既然不认识，又怎会错误呢？当解为“迷惑”“糊涂”之意。“无赖”，或译为“小人”，或保留本字未译出，或译为“狡猾的小子”。这里的“无赖”当为“无德无才”之意，因此事和现代意义的“无赖”并无关系。“欺”，或译为“欺负”“欺侮”，或译为“欺骗”。细究其意，这些词与此事并不会产生直接关系，当为“压倒，胜过”之意。

综上，在古文的注译方面，如果忽视了作品、作者的时代背景与人文素养，单纯从字面上去理解，就会曲解原意，所做注译则会以讹传讹。正如张之洞《輶轩语·语学第二》所讲："空谈臆说，望文生义，即或有理，亦所谓郢书燕说耳……譬如晋人与楚人语，不通其方言，岂能知其意中事。"

语言文字运用于社会生活之中，必然受到社会环境的影响和制约。同样的字、词或辞语，在不同的社会环境中使用，其涵义也不尽相同，非语词本身的因素会对理解产生重要的影响。脱离语言文字产生、使用的环境，包括使用者的人文修养而单纯从字面来解读，往往会理解片面甚至谬误。同理，认识、理解的不到位也不是语言、文字本身所能解决的，这种不足源自人文背景知识的欠缺。因此，在注释、翻译古籍时，要想准确理解把握辞语含义，就必须对其社会背景、人文环境加以了解和认识。好的注释和译文，应该是人文背景知识与语言知识相互作用，并细心链接与诠释相关信息的结果。

（原载《古籍整理研究学刊》2020年第4期，作者系中华书局基础图书出版中心编辑）

《太平广记》编纂主旨平议

熊瑞敏

《太平广记》是我国古代一部文言小说总集，全书五百卷，系宋太宗太平兴国年间，李昉等人奉诏取各种野史、传记、故事、小说等编集而成，与《太平御览》《文苑英华》《册府元龟》合称“宋四大书”。

那么，宋太宗为什么要编《太平广记》这部书呢？对此，古往今来的不少学者都做了探讨。据我们的归纳，大体有三种说法：其一是“牢笼文人”说，其二是“文艺娱乐”说，其三是“神道设教”说。

一

说起“牢笼文人”说，那真是小猪死了娘，说来话长啊。话说，long long ago，也就是南宋的时候，有个叫王明清的人，在《挥麈后录》中说：“太平兴国中，诸降王死，其旧臣或宣怨言，太宗尽收用之，置之馆阁，使修群书，如《册府元龟》《文苑英华》《太平广记》之类，广其卷帙，厚其廪禄，赡给以役其心，多卒老于文字之间云。”用现在的话说，就是宋初收拾了一批国家，那些旧主死了，他们的臣子有些怨言，所以英明神武的太宗皇帝就下令搞了一些编书的大项目，把书的篇幅搞得大大的，划拨的经费多多的，让那些文人们安安心心编书，免得造反。

这一说法，对后世影响极大，现存最早的《太平广记》刻本的主持者——明代学者谈恺就持类似看法。直到现代，这种说法也得到不少学者的赞同。比如鲁迅先生在其《中国小说史略》中说：“宋既平一宇内，收诸国图籍，而降王臣佐多海内名士，或宣怨言，遂尽招之馆阁，厚其廪饩，使修书，成《太平御览》《文苑英华》各一千卷，《太平广记》五百卷，目录十卷。”在其《中国小说的历史的变迁》的讲义中，更直白地指出：“此在政府的目的，不过利用这事业，收养名人，以图减其对于政治上之反动而已。”

不过，王明清的这个说法也不是没有问题，早在南宋的时候，史学家李心传就在《旧闻证误》中站出来辟谣，指出王明清这个说法存在多处史实错误：首先，《册府元龟》不是太宗时修的，是真宗时修的；其次，修《太平御览》《太平广记》，降王也没死绝，比如著名的南唐后主李煜就还活着；再次，参与修书的很多是当时的名臣，只有少数几个是降臣，而且这些降臣也没有都“卒老于文字之间”，后来有人官至参知政事，有人直学士院，有人是知制诰。

看了李心传的辟谣文，我们不禁想：人家皇帝出人出钱编书，你偏要怀疑他居心不良，他冤不冤呢？看来“牢笼文人”说不太靠谱。

二

接下来我们再来看看“文艺娱乐”说。不少现代学者认为，“牢笼文人”这种说法看问题太过于政治化，我们还是要从文艺的角度看问题。比如著名宋史学者聂崇岐在《太平御览引得序》说：“愚意以为太宗之敕修群书，不过为点缀升平，欲获右文令主之名，其用南唐遗臣，亦仅以其文学优赡，初不必有若何深意。”意思是说，宋太宗修书，只是为了点缀升平，博个“文艺中年”的美名，用南唐的降臣，也是因为他们有文学才华，并非别有用心。

这种说法有没有道理呢？也有道理。首先，据史料记载，宋太宗确实是个“文艺中年”，宋人叶梦得在《石林燕语》中说“太宗当天下无事，留意文艺，而琴棋亦皆造极品”，可见一斑。尤其重要的是，宋太宗特别喜欢读书。《续资治通鉴长编》记载，太平兴国八年冬，《太平御览》修成之后，宋太宗要求每天送三卷给他看，大臣说：“现在日短夜长，每天看三卷，别把官家您的身子累坏了！”宋太宗说：“没事，朕最喜欢读书了，开卷有益嘛。这部书一千卷，我准备用一年的时间读完。那些学者们经常是读万卷书，朕读一千卷哪里会累呢？”

而且，据史料记载，当时社会上颇有阅读小说的风气。欧阳修《归田录》记载北宋文学家钱惟演说：“生平惟好读书。坐则读经史，卧则读小说，上厕则阅小辞。”意思是说，哎呀，我一生就好读个书，坐着就读经史，躺着就读小说，上个厕所还要读小词，可见当时人也喜欢读八卦段子。我们猜想，宋太宗批阅奏章之余，恐怕也会想读点八卦段子调剂一下,所以就下令编了个八卦段子集成的《太平广记》。

不过，做皇帝也真不容易，你爱读书吧，也是毛病。比如《朱子语类》就记载，朱熹批评说，宋太宗每天读三卷《太平广记》，有那闲工夫，为啥不好好讲讲修身治国的学问呢？就只知道写字作诗，打发日子。

看到朱熹的批评，小编不禁想为宋太宗辩护几句：首先，太宗每天读三卷的是《太平御览》，不是《太平广记》，朱夫子，你批评时要不要调查清楚呢？其次，太宗读书也不全是为了娱乐，太宗曾经说过：“夫教化之本，治乱之源，苟无书籍，何以取法？”（《续资治通鉴长编》）不读书，怎么了解教化的根本，怎么知道治乱的根源，又向谁去学习治国之道呢？再次，就是《太平广记》，圣人不也说过，“虽小道，必有可观者焉”，看看咋就不行了呢？

由此看来，“文艺娱乐”说也不完全靠谱，人家太宗说了，我修书读书是为了求“教化之本，治乱之源”，可不仅仅是为了博个“文艺中年”的美名。

三

不过，《太平广记》里头尽是些谈神说鬼的故事，这真的跟“教化之本，治乱之源”有关系吗？宋代不是流行“半部《论语》治天下”吗？孔子不是“不语怪力乱神”吗？怎么编了这么一部神神鬼鬼的书呢？这就要说到第三种说法，“神道设教”说。这种观点认为，说宋太宗编《太平广记》，讲那些神神鬼鬼的故事，是为了借助佛教、道教的思想，教化民众。

这种看法也有一定道理。首先，《太平广记》一书确实有大量神仙僧道、精灵鬼怪的故事。据学者统计，《太平广记》所有宗教（包括佛教、道教、民间信仰等）类目的卷数达二百八十卷，超过全书的一半。典型的比如《太平广记》里专门有三十三卷讲“报应”的故事，很明显是为了宣扬佛教“善有善报，恶有恶报”的因果报应思想，劝导民众去恶向善。

其次，宋初的皇帝也确实都非常重视佛教、道教。比如我国第一部官刻的汉文大藏经就是宋太祖开宝四年（971）开刻的《开宝大藏经》，宋太宗太平兴国年间还设立译经院，延请梵僧翻译新经。而且，皇帝们这样做，显然不是出于宗教热情，因为他们并非真正信佛信道。比如有一次，宋太宗设道场为百姓祈福消灾，但又对人说：“朕怕百姓们会有灾殃，所以让人办这个，其实未必就能获得保佑，只是为了表示我勤于为百姓祈祷罢了。"《宋朝事实》还记载了一个故事，说是有位真君显灵，预言时为晋王的太宗是"宋朝第二主"，结果第二天太祖就死了，太宗继位。这个故事很可能是太宗利用道教为自己在"烛影斧声"后继位造的神圣化舆论。所以，皇帝编《太平广记》这样精灵鬼怪的书，也可能是为了"神道设教"。

不过，"神道设教"的看法也有问题，因为毕竟《太平广记》里还有很多跟精灵鬼怪没有关系的内容。比如《太平广记》里有八卷笑话故事，基本就没有鬼神的事。像唐德宗的大臣马燧生了个孙子，德宗给孩子赐名"继祖"，下朝后笑着对人说："这个名字有两个含义，一个是字面意思，另一个意思是用绳子系（马）。"记这个故事，大概纯是为了好玩。

哎呀，这"牢笼文人"说、"文艺娱乐"说、"神道设教"说，都各有道理，但又都不能完全解释《太平广记》的编修目的。聪明的读者，您说说，那赵官家他究竟为啥要编《太平广记》呢？

（原载2020年4月25日"中华书局1912"微信公众号，题为《嘿嘿，你猜猜，朕为啥要编〈太平广记〉》。作者系中华书局基础图书出版中心编辑）

艺文类聚

滚滚长江东逝水，浪花没有淘尽谁?

宋凤娣

滚滚长江东逝水，浪花淘尽英雄。是非成败转头空。青山依旧在，几度夕阳红。

白发渔樵江渚上，惯看秋月春风。一壶浊酒喜相逢。古今多少事，都付笑谈中。

读到这首《临江仙》，人们首先联想到的也许是长篇历史小说《三国演义》，甚至耳畔还有可能回荡起杨洪基那浑厚苍劲的声音,这首词是《三国演义》的作者写的吗?

其实这首词并不是《三国演义》小说原本就有的，而是清代毛纶、毛宗岗父子评点《三国演义》后加上去的篇首题词。那这首词是毛纶或毛宗岗写的吗?

也不是。词的作者是明朝的杨慎。杨慎还有一首《西江月》词也被改几个字后列到明代冯梦龙《东周列国志》的开首：

道德三皇五帝，功名夏后商周；英雄五霸闹春秋，顷刻兴亡过手！

青史几行名姓，北邙无数荒丘；前人田地后人收，说甚龙争虎斗！

两首词读起来是不是风格很相近？在广阔的时空背景下，历史的硝烟和荣光，个人的悲慨和恩宠，化为似乎平淡无奇的日常，大气磅礴之中蕴藏着无以名状的慷慨悲壮，雄浑豁达之下隐含着怀才不遇的慨叹和无奈。它们都出自明代杨慎的《历代史略十段锦词话》，后世也叫《廿一史弹词》，杨慎因此创作，而被誉为“后世弹词之祖”。

可是杨慎是谁呢？

杨慎与解缙、徐渭并称明代三大才子，并位列首位。《明史·杨慎传》曾评价：“明世记诵之博，著作之富，推慎为第一。”

知人论世

公元 1488 年 12 月 8 日，杨慎出生在北京孝顺胡同。从其曾祖开始，杨家开始读书为官。正德七年（1512）杨慎的父亲杨廷和升任内阁首辅，相当于当朝宰相。

杨慎自幼聪慧，弘治十四年（1501）文坛领袖李东阳看到杨慎所作《黄叶诗》极口称赞：“此非寻常之所能，若可为吾小友也！”将他收为门下弟子。

天资卓越，又得到文坛领袖的指点，加之“与书无所不读”的刻苦努力，正德六年（1511），杨慎参加殿试，高中状元，被授予翰林院修撰，掌修国史。与父亲、叔父同朝为官。

无论是从家世、人脉还是个人才能而论，杨慎的未来都不可限量。尤其是武宗驾崩后，杨慎的父亲杨廷和曾主理朝政三十余日，提议并主理迎立嘉靖皇帝等机务。嘉靖帝继位后，杨慎被任命为讲解经史的经筵讲官。

可是嘉靖帝继位之初，杨廷和与嘉靖帝为只继统，还是既继统又继嗣产生了不可调和的矛盾。按照明太祖朱元璋《皇明祖训》：“凡朝廷无皇子，必兄终弟及，须立嫡母所生者，庶母所生，虽长不得立。”宰相为维护祖制，要求继承堂兄皇位的朱厚熜既继统又继嗣，为此连上三十疏；而朱厚熜坚持只继统，要求只尊称自己的父亲兴献王为“皇考”，这就是历史上著名的“议大礼”。

为缓和矛盾，与嘉靖帝争辩了三年而心灰意冷的首辅杨廷和主动致仕，并一再劝诫儿子杨慎要“端做闲官，只守闲官”。可是为人正直、一心报国的杨慎却一再逆龙鳞。

嘉靖三年（1524），嘉靖帝不顾阁老重臣的反对，下诏书正式尊称自己的父亲为“皇考”，杨慎与同科进士王元正等人聚集二百多官员到左顺门“撼门大哭，声彻殿庭”（《明史·杨慎传》），自言：“国家养士百五十年，仗节死义，正在今日。”（《明史·何孟春传》）恼羞成怒的嘉靖帝下令廷杖众臣，当场打死十六人。十天后，嘉靖帝获知杨慎等七人是左顺门哭谏的头领，再次廷杖诸人。然后，将杨慎流放到烟瘴之地的云南永昌卫。永昌属于现在中缅边境的保山市下辖县。

嘉靖朝曾六次大赦天下，但杨慎均不在其列。后来嘉靖帝还不时询问杨慎的情况，听到臣下说杨慎“老病”后，方觉宽慰。按照明朝律例，流放官员七十岁可以归休，可是，杨慎七十岁回到故乡新都（今四川成都新都区），却又被云南巡抚“遣四指挥逮之而还”。第二年，杨慎卒于云南。

杨慎去世后，其夫人黄娥从蜀中率子奔滇治丧，担心天恩难测，不敢厚殓，只能草草安葬。不久，嘉靖帝果然遣使开棺检视，发现杨慎“青衣布袱”，才觉得“感动”，并“赐还原官”。

后世对“议大礼”有各种不同的解读，但评判历史人物或事件，只有深入到当时的历史情境和文化传统中，才可能达到或接近陈寅恪所谓“了解之同情”。《论语》中子路问孔子“为政”首先必须要做的事情是什么，孔子回答：“必也正名乎！”孔子认为：“名不正，则言不顺；言不顺，则事不成；事不成，则礼乐不兴；礼乐不兴，则刑罚不中；刑罚不中，则民无所措手足。”了解中国文化中源远流长的“士不可不弘毅”的传统，我们或许才会对杨慎生出理解之同情和由衷的敬佩。杨慎用一生的时间坚守刚直不阿，因此在临终前坦然写下这样的自赞：“临利不敢先人，见义不敢后身。虽无补于事业，要不负乎君亲。”

《词品》即品词

流放云南的三十多年里，杨慎以自己卓越的才华和渊博的学识在烟瘴之地讲学、整理地方文献、著书立说。据明代四川督学杜应芳《补续全蜀艺文志》载，杨慎著述有四百余种。据杨慎在云南时交往颇为密切的朋友，同时也是杨慎研究第一人简绍芳《赠光禄卿前翰林修撰升庵杨慎年谱》介绍，杨慎的著作涉猎极为广泛：“凡宇宙名物之广，经史百家之奥，下至稗官小说之微，医卜技能、草木虫鱼之细，靡不究心多识，阐其理，博其趣，而订其讹谬焉。”通俗地说，杨慎是一位百科全书式的学者。其中完成于嘉靖三十年（1551）的《词品》处处投射着他的审美理想、思想情趣及人生追求。因为杨慎评的是词，品的却是人生。这与前代《诗品》《画品》等以等次品评艺术作品颇为不同。

作为明代最为重要的考据大家、清代乾嘉学术的重要先驱，在《词品》中，杨慎就词学问题做了大量考证。如对“银蒜”“等身金”“泥人”“麝月”“十二楼”“十三楼”“十四楼”等特殊词语的文献追溯和辨析，为我们扫清了理解词作的文字障碍。词调“蝶恋花”“满庭芳”“点绛唇”“鹧鸪天”从文学渊源上可能来自哪里？词调“干荷叶”只能咏干荷叶吗？“捣练子”如果本为咏思妇捣练，那李后主写《捣练子》是怎么回事？词调与内容之间的“借腔别咏”有什么关系？杨慎以丰富的词作实例解说了这些问题，生动又有趣。

《词品》中，杨慎有大量探讨写梅词的条目，如《梅词》《折红梅》《招落梅魂》等都是在品评历代写梅词作的短长。杨慎以苏轼的《西江月·梅花》为古今梅词第一：

玉骨那愁瘴雾，冰姿自有仙风。海仙时遣探芳丛。倒挂绿毛么凤。

素面翻嫌粉涴，洗妆不褪唇红。高情已逐晓云空。不与梨花同梦。

这种超凡脱俗、洁身自爱的品格与杨慎内心的坚守和理想追求不谋而合，将其与杨慎的《兴教寺海棠》诗中“京华一朵千金价，肯信空山委路尘”对读，分明蕴含着借他人酒杯浇自我胸中块垒的寄托。

在品词时，杨慎还不时流露出真性情。如他特别强调词人品行的忠慨，在《曹元宠梅词》中指斥宋徽宗宠臣曹元宠“奸臣丑正恶直”。在《陈敬叟》一则中，对误国的秦桧、贾似道之流，痛斥：“可胜诛哉！”而对忠义之士张元幹，杨慎有多条品评和宣扬。在《李师师》条则记录了叛贼宋江的《念奴娇》词，并评价“剧贼亦工如此”。这也是目前文献中仅见的宋江词作，唐圭璋编《全宋词》时据《词品》录入。

历史上苏轼“以诗为词”，辛弃疾“以文为词”，而杨慎可以说是“以学为词”。杨慎以自己写词、选词、评词的实践和渊博的学识写作的《词品》，就如同一位美学向导引领我们徜徉词坛，并一一为我们指点近千年词坛得失成败的风景。你不想跟着这样一位向导走一走吗？

（原载2020年5月9日“中华书局1912”微信公众号，作者系中华书局基础图书出版中心编辑）

吴梅村与《圆圆曲》

许庆江

吴伟业（1609—1672），字骏公，号梅村，江苏太仓人。梅村二十三岁时以会元身份殿试得榜眼，授翰林院编修。然大厦将倾，朽木难支，至三十六岁时而明亡，梅村后半生已入清，中间曾在南明弘光小朝廷短暂出仕二月。清顺治十年（1653）九月，梅村被迫应召北上，为顺治帝文学侍从，不久升任国子祭酒。三年后，梅村丁忧返乡，后不复仕。康熙十年末（1672），临终，遗嘱家人敛以僧装，墓前立圆石，镌曰“诗人吴梅村之墓”。

吴伟业与钱谦益（1582—1664）、龚鼎孳（1616—1673）并称“江左三大家”，彼此亦时有倡和，时人为之纂辑《江左三大家诗钞》。他们三人遭逢共同的易代之变故，而做出不同的去就之抉择。

“谁不誓捐躯，杀身良不易。”其中钱谦益年最长，位最尊，明亡后游移于南明、清廷与郑成功等势力之间，虽欲全名节，而终受清廷厚爵。龚鼎孳先是降李自成，后复降清，所谓“义无再辱”，而龚鼎孳一辱再辱矣。吴伟业入清后，立志以布衣终老，无奈明朝降臣如孙承泽、冯铨等人极力举荐，地方大员马国柱不断敦促，吴伟业不得不北上应清廷之征召。此盖孙承泽、冯铨等降臣自恐名节有亏，而裹挟吴伟业以分谤也。吴伟业晚节不保，委身事清，与前述孙承泽、冯铨、钱谦益、龚鼎孳等人，同被乾隆帝列入《贰臣传》。关于吴伟业被人强行举荐一事，顾师轼《梅村先生年谱》云：

时先生杜门不通请谒，当时有疑其独高节全名者，会诏举遗佚，荐剡交上，有司敦逼，先生控辞再四，二亲流涕办严，摄使就道。难伤老人意，乃扶病出山。

当时梅村已绝意仕途，欲以布衣终老。但随着清廷统治的稳固，明朝士大夫的纷纷变节，吴梅村的隐逸就显得有些另类。所谓“疑其独高节全名”，其中一个“独”字，道尽了当时明朝士大夫降清的扭捏丑态。清廷“诏举遗佚”，自有笼络明朝士人的意图。加之梅村双亲畏罪，亦督促梅村应召。梅村曾亲往南京，向总督马国柱陈情，有《投赠督府马公》诗二首，其一云：

劳苦浔阳新驻节，舳舻今喜下湓城。

此盖以刺史王弘期许马国柱，而以陶渊明自许也。其二云：

惭愧推贤萧相国，邵平只合守丘瓜。

此又以西汉贤相萧何推许马国柱，而以隐居城东门外种瓜的邵平自居。显然，马国柱不是王弘，也不是萧何，而吴梅村既做不成陶渊明，也做不成邵平。退居林泉，本是传统士大夫最后的精神家园，然而这时已由不得吴梅村了。在被迫北上的途中，梅村《自叹》诗云：

> 误尽平生是一官，弃家容易变名难。松筠敢厌风霜苦，鱼鸟犹思天地宽。鼓枻有心逃甫里，推车何事出长干。旁人休笑陶弘景，神武当年早挂冠。

此诗道尽梅村出山时无可奈何的心态，并向亲友权作解释，实乃迫不得已。梅村任顺治帝的文学侍从，前后三年。丁忧返乡后十馀年，梅村专力于诗文，并自订诗文集四十卷。梅村临终回顾一生，总结道：

> 吾一生遭际，万事忧危，无一刻不历艰难，无一境不尝辛苦，实为天下大苦人。

这虽然是梅村自述个人遭际之不幸，也是当时的整个时代悲剧。但作为诗人而言，这又是幸运的，所谓“国家不幸诗家幸，赋到沧桑句便工”。梅村诗歌艳丽，体近晚唐李商隐、韩偓，又似中唐元稹、白居易，自成一家，人称“梅村体”。其诗题材不少取自风尘女子，而又擅长歌行叙事兼抒情之体。

因此，若论梅村诗，乃至“江左三大家”诗，则不得不论及相关之风尘女子，其中尤以同时之“秦淮八艳”为代表。“秦淮八艳”即柳如是、陈圆圆、顾横波、董小宛、卞玉京、李香君、寇白门、马湘兰，她们都长成于秦淮河一带，约略同时，身当明清易代之际，不但貌美出众，而且才艺绝人。钱谦益与柳如是、吴伟业与卞玉京、龚鼎孳与顾横波、侯方域与李香君、冒辟疆与董小宛，都在乱世留下了因缘传奇。陈寅恪《柳如是别传》，初题曰《钱柳因缘诗释证稿》，此盖“江左三家”与“秦淮八艳”并重之意，后转至偏重“秦淮八艳”矣，可供一笑。

梅村与“秦淮八艳”之卞玉京同是天涯沦落人，彼此情感的暗流深藏心底，似断还续。梅村《听女道士卞玉京弹琴歌》与白居易《琵琶行》有异曲同工之妙，其诗末云：

> 十年同伴两三人，沙董朱颜尽黄土。贵戚深闺陌上尘，吾辈漂零何足数。坐客闻言起叹嗟，江山萧瑟隐悲笳。莫将蔡女边头曲，落尽吴王苑里花。

非但道尽个人身世飘零之无限悲哀，亦以表出易代之际，沧桑巨变。梅村又有《琴河感旧》四首组诗，并附以长序，其序略曰：

> 余本恨人，伤心往事。江头燕子，旧垒都非；山上蘼芜，故人安在？久绝铅华之梦，况当摇落之辰。相遇则惟看杨柳，我亦何堪；为别已屡见樱桃，君还未嫁。听琵琶而不响，隔团扇以犹怜。能无杜秋娘之感、江州之泣也！

钱谦益读此组诗，大为赞赏，并为倡和，亦有诗序曰：

> 顷读梅村宫詹艳体诗，见其声律妍秀，风怀恻怆，

于歌禾赋麦之时，为题柳看花之句。傍徨吟赏，窃有义山、致尧之遗感焉。

钱谦益以诗人的眼光，看待吴梅村的诗歌，其评价是颇为中肯的，至《梅村诗话》中亦不忘援引。盖“歌禾赋麦”即是元稹、白居易之体，“题柳看花”乃是李商隐、韩偓之体也。亦可见“梅村体”虽属艳体诗，但深有寄托，非是吟风弄月所可比。

后十余年，卞玉京殁，梅村往吊，有《过锦树林玉京道人墓》，亦附以长序，追忆二人当时已惘然之情感：

与鹿樵生（按，梅村自谓也）一见，遂欲以身许，酒酣，拊几而顾曰：“亦有意乎？”生固为若弗解者，长叹凝睇，后亦竟弗复言。

如梅村之追忆，则当年卞玉京已主动抛出绣球，而梅村犹豫中未能接之也。其诗略云：

相逢尽说东风柳，燕子楼高人在否？枉抛心力付峨眉，身去相随复何有？

梅村借卞玉京身世之感，写天崩地裂之巨变，寓无可奈何之悲叹。程穆衡笺云：“玉京设归公，亦柳如是之续矣。时绛云已燬而柳没，故以为比，而叹钱之枉心力也。”

不过，给梅村带来巨大声价的，并非与卞玉京相关的诗歌，乃是与“秦淮八艳”中另一人，即陈圆圆有关者，即《圆圆曲》。此诗作于顺治十六年（1659），时梅村退居乡里，而吴三桂正在云南为清廷削平南明桂王永历政权，

“三桂赍重币求去此诗，先生弗许”（见《梅村先生年谱》卷二）。

《圆圆曲》为七言歌行，可以视为典型的“梅村体”。诗歌取材卑微的歌女陈圆圆，但叙述的主题异常丰富而宏大，有李自成、刘宗敏等人攻陷北京，有崇祯帝的自杀殉国，有吴三桂的家国恩仇与最终倒戈降清，有李自成、张献忠等农民起义的最终失败，有吴三桂与陈圆圆的悲欢离合，有明清易代的天崩地裂，有清廷终将削藩剿灭吴三桂的隐晦预言等等，这些都是通过陈圆圆一人之飘零身世而贯串起来。

《圆圆曲》开篇云：

鼎湖当日弃人间，破敌收京下玉关。恸哭六军俱缟素，冲冠一怒为红颜。

首先以崇祯帝自杀殉国，暗示了近三百年的大明王朝，在轰轰烈烈的起义军浪潮中覆灭了。吴三桂投降清军，从山海关倒戈，作为先锋部队，夺回了京城。但是笔锋一转，这并非是吴三桂出于忠君爱国，而是因为红颜陈圆圆被李自成部下刘宗敏劫掠，吴三桂一怒之下，不顾父亲吴襄等家人尚在李自成处作人质，毅然投降关外的清兵。清兵数十年未能攻破的北京，在吴三桂的带头下，被迅速占领。而战火自此并未熄灭，反而继续燃烧整个中国，自东北而至西南。在剿灭起义军，肃清南明残余势力过程中，吴三桂充当了勇猛的先锋。诗歌的中间部分才陆续补充交代了陈圆圆与吴三桂的初相见，以及陈圆圆的身世：

> 相见初经田窦家，侯门歌舞出如花。许将戚里空侯伎，等取将军油壁车。家本姑苏浣花里，圆圆小字娇罗绮。梦向夫差苑里游，宫娥拥入君王起。前身合是采莲人，门前一片横塘水。横塘双桨去如飞，何处豪家强载归？此际岂知非薄命，此时只有泪沾衣。熏天意气连宫掖，明眸皓齿无人惜。夺归永巷闭良家，教就新声倾座客。座客飞觞红日莫，一曲哀弦向谁诉？白皙通侯最少年，拣取花枝屡回顾。早携娇鸟出樊笼，待得银河几时渡？

从这一段较长的诗歌叙述中，我们可以知道陈圆圆长于姑苏一带。虽然即将遭逢乱世，但十里秦淮河，六朝金粉地，依旧繁盛无比。倘若生在太平盛世，也许陈圆圆就是秦淮河畔一位普通的江南采莲人。然而可怜身世飘零，世衰运歇，陈圆圆被售于豪强，豪强又转而献给内廷，后从内廷出来被转售贵戚侯门。也正是在此时，明眸皓齿的陈圆圆遇上了白皙通侯的吴三桂，一见倾心，互定终身。然而，明王朝一方面受到农民起义的压力，另一方面又迫于辽东清军的压力。此时此刻，吴三桂告别了陈圆圆，来到山海关前线抗击清军。

虽公子多情，而佳人薄命。若不是有农民起义和辽东战事，陈圆圆与吴三桂的爱情故事，将是另一段美好的因缘佳话。历史不能重来。倘若刘宗敏没有看上陈圆圆，则吴三桂不会倒戈降清，则清军亦不能越过山海关，而李自成农民起义或不致失败。

诗歌的最后，陈圆圆最终归了吴三桂，吴三桂也因战功而获得藩王的地位。但结局给人并不完美，甚至有些虚幻：

> 换羽移宫万里愁，珠歌翠舞古梁州。为君别唱吴宫曲，汉水东南日夜流。

诗人面对急剧的时代变幻,遂有一种万事皆空的无可奈何。与个人的身世飘零和朝代的盛衰更迭相比，惟有那汉水似乎是永恒不变地往东南流去。

（原载2020年7月16日“中华书局1912”微信公众号，作者系中华书局古籍整理出版中心文学编辑室编辑）

为程毅中先生颂寿

刘 明

中华书局原副总编辑、中央文史研究馆馆员程毅中先生致力古籍整理与文史研究七十年，著述丰赡，成就斐然。道德文章，海内宗仰。今逢先生九十华诞，书局后生晚辈重温先生著述，期与学界同仁分享。

先生于 1950 年考入燕京大学国文系，1955 年毕业于北京大学，次年考回北大中文系为副博士研究生，1958 年 12 月分配到中华书局文学组。先生甫至书局工作，即着手整理《王船山诗文集》《海瑞集》《徐渭集》等多部重要别集。王船山与顾炎武、黄宗羲并称明末清初三大思想家，其诗文在文学造诣之外，处处可见学术思想的火花；海瑞、徐渭，一为庙堂廉臣，一为江湖逸士，名动朝野，著作亦甚可观。先生点校这几位重要人物别集时，克服当时众多的不利条件，为读者提供了精审的点校本，至今犹再版不断。

先生除点校之外，也负责重要古籍的影印工作，如《文选》李善注尤刻本的影印出版，已成古籍影印史上的经典案例。先生在底本考辨上下了很大功夫，通过对宋尤袤刻本和清胡克家翻刻本的细致比勘，以及对尤本附录《李善注与五臣同异》的研究，撰成《略谈李善注〈文选〉的尤刻本》（与白化文先生合撰）一文，论证尤本、胡本价值，是《文选》版本学史上的重要文献。

编辑工作首重审稿，先生于此一丝不苟，经手了极多重要稿件。如逯钦立《先秦汉魏晋南北朝诗》，是公认的近人编纂文学总集杰作，这部书稿的审读工作即由先生承担完成，审稿意见高屋建瓴、细密周详，是我们学习的范本。在整理作品之外，还有诸多著名学人的学术著作由先生审发，如高亨《文史述林》、叶德均《戏曲小说丛考》、孙楷第《沧州集》、夏承焘《月轮山词论集》等，均在此列。

编辑的日常工作之一是审读各类投稿，以及回复读者来信。对于投稿，都要撰写详细的审稿意见，依据学术判断答复用与不用；对于读者来信，都要认真阅读，实事求是地给与回复。先生于此，都是亲力亲为，书局档案中保存有先生所写的退稿意见以及回复读者的公函底稿，厚度几可盈尺，一笔一画，一丝不苟，令人敬佩！

先生领导中华书局古籍整理工作多年，为文学编辑室制定了古代文学总集、“中国古典文学基本丛书”及“明清传奇选刊”等系列的出版规划，策划组织了《楚辞注疏长编》《先秦汉魏晋南北朝诗》《全唐文》《宋文鉴》《宋诗钞》《全辽文》《金文最》《元诗选》《全金元词》《明文海》《全清词钞》《词话丛编》等重要文献的整理出版。先生的擘画，强调总集与别集并重，为学术研究提供基本文献。对这些重要产品系列的充实与维护，至今仍是我们工作的核心内容。

先生注意总结古籍整理工作的心得，在上世纪 90 年代初，执笔撰写了《古籍校勘释例》，归纳出“三个选择”和“两个从严”，作为古籍校勘的基本原则。“三个选择”，即选好底本、选好校本、选好异文；“两个从严”，即改字从严，改字必出校记，异文出校从严（先生在给古籍编辑讲课时强调，要明确出校和选择异文的目的性，避免烦琐校勘），他本显误的不列。先生的真知灼见积累成册，有《古籍整理浅谈》行世，是古籍编辑的案头必备书。

随着科技的日新月异，古籍整理工作也在新技术的支持下有了新的发展与要求。在推动古籍数字化事业开展过程中，先生深切关注，建言献策，给予了巨大支持。同时，先生对古籍数字化的思考也从未间断。2012 年，先生向国务院提议，指出古籍数字化要加强统筹工作，要“取法乎上”，要重视顶层设计。2013 年，先生在《光明日报》发表《古籍数字化须以古籍整理为基础》一文，提出数字化古籍应当严格符合古籍整理规范、古籍数字化必须尽量吸收和保存古籍整理的成果、古籍数字化可以作为纸质书籍修订的先导等意见。这些意见不是凭空得来，而是先生在观察与使用中总结而出的。面对近年来古籍数字化领域各自为政、泥沙俱下的境况，2019 年，先生综合学术界同仁的意见，上书中央，建议将古籍数字化提升到国家战略层面，因为文化关系国家命脉，核心技术与原始数据必须掌握在自己手里。

先生师从著名学者浦江清、吴组缃二位先生，在古代小说研究领域“打深井”,勤恳耕耘半个多世纪,创获极多。其中，把古代小说分为古体小说和近体小说两大体系，以及对中国古代小说三次变迁的阐发，是极为重要的两大理论。先生论述说：

> 前人把“五四”以前的白话小说称作“通俗小说”，如孙楷第先生编的《中国通俗小说书目》，可能是用以区别于“五四”以后的白话小说，但与文言小说不是对称的关系。再说，通俗小说在 1919 年以后还有新的作品，也常有人称述。我为了便于对举，先把古代文言小说称为古体小说，再把“五四”之前的白话小说改称为近体小说。

先生平易简明地分判了古代小说文体。其立论根据多年的古籍整理与文献研究经验，故而周洽严密，扎实不破。

先生在 1981 年出版《古小说简目》，是小说研究者的必备目录学著作，其时已遵“古小说”概念编目。数十年来，点校《隋唐嘉话》《玄怪录·续玄怪录》《燕丹子》《花影集》《云斋广录》《轮回醒世》，编纂《古体小说钞》，策划“古体小说丛刊”，在文献整理上确立了古体小说的实指。近体小说方面，先生用力亦深，辑释《宋元小说家话本集》（是书初稿早在1962年编定，至2000年由齐鲁书社出版，十六年后再次修订，在人民文学出版社再版），校注《清平山堂话本》，“近体小说”这一概念同样基于文献整理得以呈现。由文献而著作，先生对古代小说分体的理论创见，以极为扼要的文字，集中体现在《古体小说论要》《近体小说论要》两部书中。

和分体理论的形成相似，先生对“分期”理论的阐发，也是从对具体文献的考察，逐渐积累形成的。先生说：

> 鲁迅先生认为中国小说有两大变迁，一是唐代传奇，二是宋元话本。我参照章学诚《文史通义·诗话》中所说的“小说……盖稗官见于《汉志》历三变”之语，推而广之，将中国古代小说的发展分为三次变迁。我拟定第一次变迁的转折点在建安时期，由于叙事赋的关系，虚构、代言、叙事……都有所发展。

先生从敦煌俗赋上溯到秦汉的杂赋，先后写成《关于变文的几点探索》《敦煌俗赋的渊源及其与变文的关系》《叙事赋与中国小说的发展》等多篇论文，在此基础上，遂有《中国小说的第一次变迁》问世。先生指出，第二次变迁的突出特征即是“唐人小说中的‘诗笔’”，并在《唐人小说“诗笔”与“诗文小说”的兴衰》等文中予以讨论。先生对第三次变迁的观察不仅注意“主流”，专题分析典型作品的特征，同时注意“逆流”，撰写了《读〈蟫史〉札记》等文，从侧面论证了中国小说发展的走向。先生对古代小说的研究遍及各代，发明甚夥，专著《唐代小说史》《宋元小说研究》《明代小说丛稿》，涵盖了小说发展的多个重要阶段。专著之外，各类文章又结集为《程毅中文存》《程毅中文存续编》《月无忘斋文选》，这些著作既是学界参考的重要材料，也是先生学术生涯的重要记录。

先生日坐月无忘斋，依然笔耕不辍，继续撰写文章，整理文献，思考古籍出版与数字化的诸多问题。“日知其所亡，月无忘其所能”，少即好书，老而弥笃，博闻强记，习与性成，如新近发表的《浪子燕青与梁小哥》，以及即将面世的《宣和遗事校注》等，无论考证，抑或笺释，皆随手拈来，浑然天成，诚可谓绚烂归于平淡，而炉火臻乎纯青之境矣。

先生治学通达，处世从容。数十年间，世难国艰，但凡义之所系，常奋身不顾。闻今岁新冠肺炎肆虐，先生立将所积稿费、审稿费数万元捐助疫区医护人员；又补辑南宋鄂州（今武汉地区）抗金将领梁小哥之事迹，铺叙成文，且曰：“愿为武汉人和守护武汉的战士讲一个可以激励斗志的故事，为抗击疫情加油。”高风亮节，令人肃然起敬！

先生年届九旬，身干笔直，健步如飞，视听不衰，起居尤适，是知为有道之长者。《易》曰:“乾元用九。”《诗》曰 :“以介眉寿。” 敬祝先生延年历百，寿越期颐！

（原载 2020 年 3 月 25 日“中华书局 1912”微信公众号，作者系中华书局古籍整理出版中心文学编辑室编辑）

乘风破浪的藏书家

李世文

一时代有一时代之藏书家。

不必追怀天一阁、铁琴铜剑楼的如烟往事，不必叹羡黄丕烈、刘承幹们的光辉志业，黄裳先生上世纪 50 年代在沪上书肆捡漏的日子也早已一去不复返了。就在前辈藏家不断凋零、反复感慨无书可买的最近三十年间，一个新的藏书家群体已经长成。

他们之中不乏家资巨万者，多数却远离富贵之门，历十余年乃至三十余年的光阴，成为远迈同侪的爱书人，靠的是不凡的眼力、脚力和执着的精神，也离不开一定财力的支持与时代赐予的机遇。不少曾深藏功与名的藏书家，十几年来还不断著书立说，影响了大批古旧书爱好者，甚而丰富、推动了相关专业的学术研究。

这一次，他们和另外一些爱书的朋友，在北京藏书家谢其章约请之下，合力完成了一本书，这就是近期由中华书局出版的《书肆巡阅使》。大致可以说，此书与前几年出版的《买书记历：三十九位爱书人的集体回忆》（陈晓维编）一起，完成了一代藏书家的自我书写，也梳理出从传统书店一枝独秀（辅以书市、书摊）到网络书店、拍卖会各领风骚（辅以域外访书）的历史变迁的线索。

一

如果从收藏门类上把民国新文学与线装古籍比喻为两座山峰，那么长期执教于上海华东师范大学的陈子善先生，便是民国新文学收藏这座山峰的大头领。此书中收录的陈先生《我与新文学旧书三十年》一文，或已成为当代藏书史的经典文献，看似随意的叙述里，那些二三十年前胡适、周作人、沈从文、巴金等名家签名本从几毛钱到几百元不等的低廉价格，读来真有惊心动魄之感。这位70年代末的高校青年教师，自当年赴京参加《鲁迅全集》注释定稿工作开始，锲而不舍地搜寻旧版新文学图书，以现代文学史料的搜集、整理、研究为己任，今日梅川书舍之珍籍善本夺人目睛，良有以也。

与陈子善并称为“南陈北谢”的谢其章，则以民国杂志收藏甲于书林。十余年前谢先生《创刊号风景》《搜书记》两书相继问世，一时引领风气，成为不少爱书人、搜书人的入门工具书，从此创刊号喧腾人口，今日犹不消歇。近几年，他对于沦陷区文学史料的探索，又得到不少读者与研究者的关注，这都是得益于他多年在民国杂志这一文学现场的丰富积累与深耕细作。《我的海淀镇淘书史》一文，记录了谢其章早年搜寻旧书刊的经历。这是谢其章个人的回忆，其实也是以他与赵龙江、柯卫东、赵国忠、胡桂林、韩智冬等为代表的北京藏书家的故事。这五位同样贡献了精彩的篇章，分享了他们的搜书之道，为北京旧书业留下了雪泥鸿爪。

这些北京藏书家多生于上世纪五六十年代，从旧肆冷摊与大小书市起步，在太太的“埋怨”与书店时冷时热的面孔中不断丰富收藏,不断得到人生历练。谢其章说得好：

> 我们在津津乐道地炫耀自己的藏书成果时，总是忘记“老婆”的宽容。十几年前北京广播电台采访我，我说了一句很经典的话：“她们虽然不支持你买书，但是她们包容你。你自己想想，你老婆天天往家买衣服，你受得了么？”柯卫东写道：“如今我有五六千册藏书，妻子总威胁说要趁我不在家时让收废品的都拉走，但她也只是说说而已。”感觉是一致的。

他们眼中的国营书店的店员（或经理），与陈晓维总结过的“黄裳笔下眼光好、有魄力的修文堂主人孙实君，爱赌咒发誓、言辞永远虚虚实实的传薪书店老板徐绍樵”又有不同。柯卫东在《散了的宴席》里写了一位“不懂版本，杂志和旧书也是两眼一抹黑”的马经理，业务不甚熟练，

“却是很有趣的人”，允许作者可以随意出入被称为“里边”的未上架书库，买不买书也不问。好景不长，待到马经理退休，“当店员时总黑着脸”、“为人十分粗鄙无礼”的新经理上任，自此不复礼遇。

过去，北京的中国书店里偶尔还能见到一些老店员。这些老人大致有过跟随父辈在民国旧书肆或书摊从业的经历，文化水平也许不高，但懂得很多版本上的知识，也有满肚子的书林掌故，如赵国忠、胡桂林分别写到的灯市口旧书店的刘珣师傅、从虎坊桥大库调到海淀中国书店的徐元勋先生。这是一些辛德勇所说“重行规，尚义气”、“颇深于书”的卖书人，在他们身上体现着撰述《书林琐记》的雷梦水那样的风范。赵、胡两位表达了对他们的感念：

> 进旧书店，即使不买书，找那些老店员聊一聊，实在也是一大乐事。他们会从书市的盛衰谈到旧书的聚散，由于经眼的书多，他们还会告诉你哪本书易见，哪本书更难寻，哪些书当年被查禁过。……比如郑振铎、阿英、唐弢是怎样逛旧书店的；梁实秋去台后，其藏书又是如何散失的；爱好藏书票的关祖章为何热衷于收藏铜镜等等，他们能一一向你道来。有些事若经他们的口说出，便极生动。（赵国忠《我与旧书店》）
>
> 他（徐元勋）是解放前在琉璃厂贩书的老人，在

他身上依稀可以感觉到老一辈书林中人待人接物的品行。那几年,我把逛旧书店当作寻找生活乐趣的地方,以徐师傅的阅历,他应当一眼就看穿我既不是买主又是个棒槌,从没向我推荐过书,也从不催问我要什么,任凭我随意翻检,买与不买,他都很客气,让你不会有什么心理压力。他是懂得古旧书趣味的人,知道淘古旧书和买新书完全不一样,享受的就是寻寻觅觅的过程之乐。(胡桂林《夕阳犹照小窗明——海淀旧书肆忆往》)

他们的私人淘书史里,贯穿着横二条、虎坊桥大库、海淀古书一条街、六里桥中国书店、灯市口、玉泉路书摊、中关村体育场书摊、海王村、报国寺、潘家园等等名字以及“绿王八壳本”这样的诨名术语;而对于创办于80年代中期的劳动人民文化宫书市(首都图书交易会)、北京古籍书店书市(中国书店书市、北京图书节古籍分场),韩智冬《那些年北京的书店书市》提供了不少细节与准确的时间节点,同样的场景也见于此前谢其章《海王村书肆之忆》、赵龙江《拾到的知堂遗物》(均收录于《买书记历》)等文中。经过二三十年的变迁,这些当代北京旧书业史上的地标或盛事,有的业已消失,有的改头换面,失去了原来古旧书交易的功能,迄今还能为人们津津乐道的,大概只余潘家园。然而潘家园早已不再是他们瞩目之地,当年谢其章斜挎背包,携手“小赵”(赵国忠)、“小柯”(柯卫东）逛潘家园的景象恐怕再难出现了。

这些是传统书店时代的记忆，无论是谢其章“也许是海淀镇的临去秋波，带点安抚的意味，我笑不出来，疑心跟此地诀别了”，还是柯卫东“我进出二十年的横二条书店,就这样跟你告别了吧”,说的都是与赵龙江“岁月易迁，欢情难再”一样的感慨。

二

网络兴起之前，存在大量买家捡漏的机会，上述谢其章等北京藏书家的淘书史，就是我辈眼中的捡漏史；旧书网店诞生、发展、壮大的历史，也是捡漏机会日益稀少而近于无的历史。

另外，地域的差异也非常显著。相对来说，由于京沪两地是近代以来的古旧书集散中心，北京藏家得天时地利之便，因而所获甚丰，而长期工作、生活在其他城市的一些作者，在买旧书之事上不免有些“后知后觉”。但是，他们中的佼佼者善于凭借各种后发优势“弯道超车”，比如胡洪侠、曹亚瑟这两位一南一北同样生于60年代的资深媒体人。胡洪侠居深圳垂二十年，香港的二楼书店自然少不了大侠的踪影，又有机会远赴巴黎，去著名的莎士比亚书店朝圣,《“书游记”两章》中有非常诙谐生动的描写。曹亚瑟在行文开头就感叹“因为偏居中州一隅，所在城市不像北京、上海那样有丰厚的旧书积存，所以想靠逛旧书摊来搜集好书，几乎是一场春秋大梦”，于是成就了他寻寻觅觅的“网络淘书生涯”。

年轻些的70后、80后藏书家或爱书人，如大象、陈晓维（高卧）、刘铮、绿茶、谷曙光、励俊、罗逊、苏枕书、杨月英、宋希於，无疑是网店、拍场或域外访书的弄潮儿，不过逛书店的乐趣总还是不愿失去的。

这其中，谷曙光是唯一从事古典文学研究的专业学者，他的《艳遇与历险：冬季到台北来淘书》写的是2018年秋冬之事，也是脱稿于上半年的疫情之中而最后收入此书的文章。文中记述的台北书人书事，掩映如画，颇有可传以备掌故者。

除了港台，国人域外访书的第一现场，当是一衣带水的邻邦日本。生于五十年代之末，向不以藏家自居的止庵，继《藏周著日译本记》之后，又撰写了一篇《我买日印中文书》，勾绘出近代中日文化交流的若干线索。陈晓维的《日本访书散记》则记录于十余年前的msn时代，把一个中国访客穿梭于东京神保町的尴尬、疲累与兴奋描绘得如在眼前，而在十年之后的该文附记中，他写道：

> 十年来，赴日淘宝已成全民运动。神保町街市之间高举“回流”大旗的中国买家人头攒动，日本Yahoo、日本的拍卖会上也是南腔北调，国语缤纷，每天不知要诞生多少篇新鲜的访书散记。有财力雄厚者甚至直接和日本旧藏家建立联系，近年现身拍场的

一些唐人写经、郭沫若致文求堂书简二百三十函等珍贵文物即得益于此种交流。我因为俗务缠身，一直无缘再次东渡，对去异国捡漏也早已死心。

东方不亮西方亮，在遥远的大洋彼岸，还有无数宝书等着陈晓维，也让留学加大伯克利分校的“大象”，这位今天的核工程专业教授、博导，写下一篇让我们大开眼界的《美国淘书杂忆》。不过，要想在波士顿古书展上捡漏，大概是一个概率小得不能再小的事件。怀着犹如奔赴一场期待已久的摇滚演唱会的心情，出现在书展现场的陈晓维，折戟于一册标价 225 美元的《查令十字街 84 号》1970 年初版本。书商摊开手说 ：“那是我买入的价格。”“对不起，贫穷限制了我的想象力。”同样幽默的美国书商哈哈大笑：“你一定是个诗人，你的语言就像是诗人一样。”接下去是这篇《波士顿书展纪行》的结尾 ：

我点了点头，清了清嗓子答道，是的，先生。是您把我逼成了一个诗人。

除了身临其境，还有一个域外淘书之计，那就是如 ebay 这样的海外交易网站。所谓“不至异国，当得异书”，这是几年前艾俊川的名言，也是他一篇名文的题目。去年国家图书馆的古籍大展，曾经展出一份明刻插增甲本《水浒传》残叶，并注明收藏者“且居”，这正是 2006 年艾俊川在 ebay 的战利品。只是如今，在 ebay 捡漏也几乎不可能了。差可告慰的是，前几年，上海的励俊从国外订到一册旧书，不仅是稀罕之物，背后还牵涉很多名人八卦——此书翻译者许思园，是钱锺书的同乡，施蛰存大学时代的同舍同学，也是《围城》中被挖苦得最凶的哲学家褚慎明的原型……这一切都被励俊以娓娓动人的笔致钩稽出来，这就是收录于此书中的《卿本佳人——英译〈汪精卫诗词集〉的八卦》。同样以考订故实见长的是艾俊川的《北大五四"三人组"》。这是一个从90年代的海王村书市说到一百年前的新文化运动的故事，在在说明且居之收藏不但有极高的质量，人称e老的且居主人还是一位讲故事的高手。

前面所述，多不及于线装古籍，这一领域门槛高，水又深，往往让爱书人望而却步。近年这一情况已经有所改观，可是最引人入胜的古书故事，还是得由执古籍收藏之牛耳的韦力来讲。于是，我们得以在《痛失之书》中见识一部宋版书穿越大洋在海峡两岸、中美之间曲折往复的流传之迹，我们的心情也随之起起伏伏，直到最后方才落定。

"夕阳将下，微飔吹衣，访得久觅方得之书，挟之而归，是人生一乐也！"这是一代文献大家郑振铎先生在《劫中得书记新序》中描述的淘书意境，此书的作者们对此应别有会心。与西谛于国难之中为民族保存文献不同的是，今天的买书、藏书、读书，是风雅之事，也是人间烟火，是近于油盐酱醋茶的日常；而"书籍存亡，同于云烟聚散”，不将私藏深锁密室，通过整理、考订、研究分享给学界与社会大众，那么我所敬佩的这些爱书人也当无愧于前贤了。

（原载2020年8月5日《中华读书报》，作者系中华书局学术著作出版中心编辑）

一手执笔，一手撸猫：为什么作家都有猫

刘 晗

厨房里的猫，是捕鼠能手；贵族人家的猫，是家养爱宠。主人的社会阶级，也决定了猫在它世界里的三六九等。野猫没有主人，四处为家，它是最自由的，三饥两饱，也是最悲惨的。而现在，猫与人的地位发生了扭转，调转了角色，它不再是看主人眼色的牲畜，而华丽转身升级为“猫主子”，当它们进入人类的家园，人们为它们喂食、洗澡、铲屎一通忙活，无论它们是否会讨好巴结，原本的主子成了“猫奴”，“猫主子”稳稳坐实了它在家里的尊贵地位。而人们干着苦差事，还自诩为“铲屎官”并以此为荣。有猫，就意味着什么？人生赢家。养不起猫的人在网上眼巴巴望着别人家的“主子”，即便得不到也要“云吸猫”过把瘾。

从捕鼠能手到家养宠物，从寓言故事到小说戏剧，从大众到精英，猫的身份地位随着人类世界的变迁起起落落。

法国作家米歇尔·萨凯（Michèle Sacquin）就是一个超级猫奴，作为国家图书馆手稿部负责人，他能近水楼台得到一手重量级珍贵资料。他把这些宝贵的机会交给了猫，在书中寻踪它们的足迹，《行走在书中的猫》也因此得以一跃而出。从埃及四千年的养猫历史到庙宇中的猫圣像符号，从伊索寓言到浮世绘中，猫穿梭历史时光，驻足于历代文人与社会名流的生活中，到如今走到了其种族的历史巅峰。它们的个性，被人宠爱；它们的生活，为人神往。

拜有灵之物：猫的灵性，作家的灵感

由于猫扑猎物时身手机敏，在古埃及它被奉为神兽，有梅里美根据埃及画手绘的作品也有佐证。正是出于此，猫也被当做守护神，与底比斯国王哈纳的雕像相伴的就是他的猫布哈奇。关于猫的象征和隐喻向来众说纷纭，有说它象征着太阳，也有一说它代表了月亮，随阴晴云缺改变大小，传言神乎其神，不过民间对它确有“夜猫子”的称呼。可见，猫的眼睛犹如宇宙中的星辰，浮现着超自然的力量。猫自古以来就是有灵之物，阿拉伯人一向认为在猫身上附着神灵，它曾作为陪葬品，在宗教法器、旗帜、盾牌，甚至国家徽章上都有猫的影子。

猫是神圣的，又是世俗的。民谣诗歌里少不了猫的形象，猫与老鼠成对出现时比敌对关系更具吸引力的是，这一对欢喜冤家之间俏皮荒诞的较量，汤姆和杰瑞就是其中的代表。儿时温馨的记忆印刻在脑海里，这也是为何作家把猫领回家，从幻想落地现实。夏多布里昂毫不掩饰他对猫的喜爱，“我喜欢猫的性格，这种不受约束、近乎忘恩负义的性格不会牵绊任何人，不管是在沙龙里还是在它自己生活的勾栏里，它一视同仁，来去无牵挂”。极端爱猫的作家数不胜数，老舍先生的《猫城记》里难掩对猫的喜爱之情：“它要是高兴，能比谁都温柔可亲：用身子蹭你的腿，把脖儿伸出来要求给抓痒，或是在你写稿子的时候，跳上桌来，在纸上踩印几朵小梅花。”多丽丝·莱辛的《特别的猫》里写了在家里生活的几只猫，无疑也来源于她自己的养猫经验，三只猫分别映射了人生的不同阶段，“猫生”即“人生”，有幸福欢乐，但亦有遭遇和不幸。猫们与作家若即若离，相依为命且彼此给予各自空间，安静温柔，这也许就是作家钟爱于猫为伴的原因。

雨果和福楼拜的好友尚普弗勒里作为资深猫迷，在19世纪中期为猫梳理了属于它的文化史——《猫——历史、习俗、观察、逸事》，以中世纪为起点，通过他对猫的观察，总结出它们的品种、习性与特征，以及猫在各种文学艺术中的形象。猫和人在一起，尤其和作家为伴的时候，总是将其拟人化，它在想什么，它要做什么，人们对那深邃眼神的吸引，也正是对未知世界的着迷。爱伦·坡的《黑猫》，将主人公的变态人格发挥到极致，一个行将就木的人讲述着他与黑猫的故事，从与妻子一起宠爱它，再到主人公性情大变，和妻子大吵，挖掉了猫的眼睛并致其死亡。报复很快就来了，家中着起了大火。良心不安的他又领养了一只猫，当他再次施暴时，却将阻拦他的妻子砍死并将尸体藏进了地窖。事实上，无论是童话里的猫，还是爱伦·坡笔下的猫，都是人的象征，它见证着人从正常到非常态的转变，也是将人精神的外化完全投射到这个精灵般的对象上。

难驯化之物：猫的多变，作家的想象

猫是灵，也是魔。有些时候，动物的举动放大着人类的欲望，相比之下，它们的表述更直白。作家钟情于猫，不仅因为他们喜欢猫，甚至他们觉得自己就是猫。终日与猫相伴，姿态、性情都会有几分相似，而且充满了好奇心和洞察力，或许还有点神经质。也正因为此，他们更能理解猫，当别人对它置之不理时，在作家那里全是溢美之词。爱猫爱到目中无人的地步，厌恶它的人又恨到骨子里。

同为宠物，猫与狗展开的忠诚与背叛的“争宠”比拼由来已久，野猫在夜里叫春谈情说爱，狗在众目睽睽之下发泄情欲，毫不避讳。猫的欲望不随意流露，就像它孕育、患病、乃至最后了却余生都在不为人知的角落里。狗寻求与主人相伴的归属感。相对而言，猫更独立，有点不可一世，不依附于任何人。即便在爱抚之中，它也不愿失去自由身。猫喜欢在人周围蹭来蹭去寻求爱抚，拱背舒展，仪态端庄，线条优雅，双耳戒备。然而从受宠到受虐，往往只有一线之隔。尚普弗勒里说："人类为了掩饰自己的恶习和坏毛病，往往让别人相信自己身边的动物有很多恶习。"动物都不愿被驯化，猫和人都是如此。猫和女人在性情上有着诸多相似：时而温顺狡黠、时而虚伪易怒，甚至自私绝情，在《伊索寓言》里也有猫化身为女人的传说。法国中世纪民间也有人们在再婚寡妇窗下绑猫的记载，暗示猫是淫荡之物。与女巫相伴的黑猫，也曾是很多人童年的阴影。

罗伯特·达恩顿（Robert Darnton）在《屠猫狂欢》里就将猫的媚态归结为祸根，在着迷于它时也是危难之时。它的眼睛好像能看出人类的本质，它的叫声仿佛人的哭声。在黑暗的中世纪，"烧猫"习俗成为兴盛一时的象征和仪式，屠猫是在委婉地攻击老板，这是工人和老板因地位悬殊所展开的一场较量，屠猫就是工人对阶级仇恨的发泄手段。于是，巴赫金式的狂欢搁置了社会的常规化，颠覆了社会秩序，放纵百无禁忌，工人突破了严苛的社会规范，得到了暂时的解放。因此，达恩顿追溯了屠猫的历史，公猫叫春是嘲笑戴绿帽子的丈夫；折磨猫意味着闹洞房的习俗，是猫式的音乐，传来的狂笑既是年轻妻子红杏出墙，也暗指老板娘的淫荡；追逐浑身烧火的猫是折磨人的隐喻，终将以审判和行刑结束。工人们杀死了老板娘喜爱的猫，暗示老板娘是女巫。审判和吊死猫式审判老板和老板娘，嘲弄当时的法律和社会秩序，工人学徒永不能升为老板，狂欢意识隐藏着工人的革命因子，也意味着现实中的工人革命和造反。可以想象，曾被太阳和月亮争宠的尤物，粗人读不懂它可疑的神情，神秘莫测，以至于经历了几个世纪，猫无缘无故背负了太多的非议。

（原载 2020 年 1 月 7 日《晶报》APP，作者系中华书局营销中心发行部员工）

出版与品牌

技术变革时代出版史料发掘与研究刍议：以中华书局为例

张玉亮

2019年6月6日，工信部发放了第一个5G商用牌照，标志着5G时代的真正到来。“4G改变生活，5G改变社会”已成为我国通信业界的普遍共识。5G网络具有高速率、低时延、大连接的特点，这将使5G和4G有着本质区别，它可以让对速度、时延和容量有着更高要求的应用落地，由此带来出版传媒业的系列变革，同时也势必对以出版为研究对象的学术活动产生影响，对出版史料发掘与研究提出新的要求。出版史料的发掘与研究，是回溯、总结性质的学术活动，看似与最新技术的应用一个趋旧、一个趋新，但其实两者之间也存在着联动关系。作为出版业从业人员和出版史研究者，在此不揣浅陋抛砖引玉，就这一技术变革对出版史料发掘与研究的影响及对策略述己见，以就教于方家。

一、内省：出版史料发掘与研究的现状与问题

技术更迭日新月异，为了较好地对技术变革带来的影响作出响应，有必要对出版史料发掘与研究的现状、问题进行简要梳理。

（一）学界：受限多种因素，并非主攻方向

改革开放四十年来，老辈学者宋原放、汪家熔、宋应离、吴道弘、周振鹤等高度重视出版史料工作，在系统整理、刊行出版史料方面成果丰硕；近年来涌现出的中青年学者周武、吴永贵、石鸥、汪耀华、张稷等充分利用现代化方法来发掘、整理和利用史料，成效显著。所列举的两组人名，一方面是年资辈分的差别，其实也恰好是身份职业的大致划分——宋原放、汪家熔、宋应离、吴道弘诸位先生是以出版家而深入出版研究者，周振鹤先生为复旦大学教授，较早关注到晚清书目和土山湾印书馆并对相关资料进行编纂整理；周武、吴永贵、石鸥皆系高校学者中的佼佼者，汪耀华、张稷虽身为出版业从业者，而皆为出版领域研究有素的学者型出版人。通过上述简单观察可以看出，系统的出版史料编纂整理，多系出版系统老领导老专家牵头，而对某一领域或题材的专门出版史料的发掘整理与深入利用，则多系学界所为。专业学者对于系统编纂出版史料的兴趣似乎不大，比较有代表性的除周振鹤先生《晚清营业书目》外，范军《中国

出版文化史研究书录（1985—2006）》和吴永贵《民国时期出版史料汇编》及《续编》是其中的典范。但与专业学者的研究成果总体相比，史料编纂整理类的成果占比较少。造成这一局面的原因是多方面的，比如出版史料特别是当代出版史料的获取不易、高校科研考核体系对文献整理类成果的评价低于著作和论文、编辑出版学科自身距离新闻传播学更近而距离历史学和文献学稍远，等等。

（二）业界：出于宣传需要，提升空间较大

出版业界是出版史料发掘、整理与研究的另一个重要主体。出版机构对于自身保存的出版史料，重视程度普遍不足。遍观当下的中国出版界，只有历史最为悠久的商务印书馆设立了百年文化研究中心，其他老牌出版社如中华书局、三联书店、人民文学出版社等，虽也有专门的人员或机构保存相关档案，但专门组织整理与研究的为数不多。这些出版机构出于自身企业文化建设需要或配合纪念活动，出版了一批出版史料，如《商务印书馆一百年》《中华书局百年大事记（1912—2011）》《三联书店简史》等，但多为自身宣传需要，缺乏与学界的有效沟通和对学界研究成果的充分吸收，纪念性质重于学术性质。

除了高校科研机构主办的编辑出版类外，还有行业学会或出版机构主办的刊物，如中国编辑学会主办的《中国编辑》、国家新闻出版署主办的《中国出版》、中国新闻出版研究院主办的《出版发行研究》等。然而这些刊物刊发理论问题、热点问题相关研究成果较多，有关出版出版史料整理和出版史研究的成果比例不高，其中值得关注的是中华书局主办的《中国出版史研究》。该刊自创办以来，设立“史料钩沉”栏目，专门结合史料对出版史上重要的人物、机构、活动和书刊进行研究，还专门刊发原始档案文献资料，如中华书局董事会档案、舒新城日记等，以资学界研究利用。可惜的是，这样的刊物和栏目数量有限。

（三）文博单位：成果值得期待，资源有待整合

上海的中国近现代新闻出版博物馆是发掘整理出版史料的又一重镇。该馆出版馆刊刊发相关史料，还出版社合作，出版了多部卓有影响的学术专著，如台湾苏精先生的《铸以代刻：十九世纪中文印刷变局》，并影印出版了一些专题出版史料，如《生活书店会议记录（1933—1937）》等。这两类图书皆由中华书局出版。

中国印刷博物馆孙宝林馆长带领团队，组建了中国出版博物馆筹建办公室，为解决我国出版文化资源和文物缺乏系统收藏、保存条件严重不足的局面而奔走努力，征集文物史料，举办学术研讨会，功不可没。2019 年 5 月 17 日，由中国印刷博物馆主办、中华书局协办的“印刷出版文化学术研讨会”在京举办，会议聚集了国内出版史、印刷史和文博方面的专家学者，对中国出版博物馆建设和出版史、印刷史重要学术问题进行研讨，会议成果集中刊发于《中国出版史研究》2019 年第 2 期“印刷出版文化学术研讨会专号”。

然而图书馆、博物馆等单位自主启动的出版史料整理出版项目，缺乏有效的横向沟通，在进一步整合资源以获得更好的规模效应、传播效果方面，尚可进一步努力。

通过上述内省不难发现，出版史料发掘整理工作虽取得了相当成绩，但仍不充分，且在一定程度上存在着壁垒，学界、业界与文博单位的协作有待加强。这些问题，使我们更期待新技术的真正落地。

二、外拓：技术革新对出版史料外延的拓展

技术更新既如彼，出版史料工作之现状又如此，如何更好地利用新技术，为出版史料工作谋取新的动能，是当下出版史料工作亟待解决的问题。

（一）承载介质的拓展

目前学界关于出版史料的整理成果或学术研究所使用的史料，多为纸质媒介。其实，随着新技术的落地，出版史料的媒介范畴理应随之拓展。

相比而言，书报刊等纸质媒介出版物比大众主流媒体如网络、电视的传播力相差甚远。一个具体的例子是，中华书局出版的黄仁宇先生的《万历十五年》，由于电视连续剧《人民的名义》的热播，仅仅因为剧中人物高育良的

随口一提，就带动了比之前和之后多得多的销量。可以预见，在未来，研究出版物的媒介传播力、主流媒介对图书市场表现的影响、发掘跨媒介的图书营销手段等课题，必将成为学界和业界共同关注的热点。而这些随着社会发展与技术进步而产生的新的出版课题，要想对其加以研究，除了文本形式的宣传报道、新闻通稿之外，各种影音介质的资料也必将受到重视。

（二）记录方式的拓展

随着介质由纸质拓展为多媒介，史料的保存方式也相应由文字记录拓展为拍摄录制等多种手段。

以笔者所在的中华书局为例，前辈出版人在这方面其实做出了很好的榜样，笔者有幸接触到书稿档案中的一类特殊文献——电话记录。比如原国家新闻出版总署副署长杨牧之先生、原全国古籍整理出版规划领导小组办公室主任沈锡麟先生，都在工作期间留下了接听上级领导重要电话指示的记录。当然，限于条件，这些记录仍以纸质媒介呈现，但前辈重视不同媒介下出版史料的精神值得提倡。当下，各种新书发布会、研讨会所在多有，其史料价值不仅在于讲话、发言之文本，出席人员、发言次序等信息也具有重要的研究价值，而这些就是单凭文字记录无法很好呈现的了。会议的全程影音记录，将会成为新形式的出版史料，而5G技术的超视频化，将使这种史料留存方式变得可行并日益普及。

（三）研究手段的拓展

包括但不限于出版史料，以往的文献史料研究，既然是以纸质媒介为主要对象（当然，也包括金石、简牍等不同形式的“纸”，主要是以文字符号为信息源），那么对其研究的手段也主要是对应于纸质媒介的。北京外国语大学的李灿先生在《文献》组织的“文献学青年谈”中，介绍了新技术为文献研究带来的新方法。学界曾识别出包括影印本、抄录本、最佳手稿本、综览本、折衷本、精校本等诸多文献整理方法，这些方法有时各有利弊，但却很难在同一部纸质书籍中方便地实现。这还仅仅是一般文献学意义上的文献史料，具体到出版史料就更为复杂了，因为很多史料不再局限于书、报、刊等成品形式，还有大量的原稿、校样、审读意见、加工记录、校对说明、设计样稿等多种“附文本”，它们无法通过一份纸质媒介清晰地呈现。新技术当可解决这个难题。莱顿大学的 Silk 教授近年开始提倡所谓“开放语文学”（open philology），该项目在理念上将每一个传本都平等地视为作品的不同见证，来否定传统的文本“优生学”。项目所开发出的系统可以根据用户的需要设置参数，来安排文本和异读的呈现方式和排列顺序，用户也可以选择参考编辑者所重构的文本（《成为更多语种文献学的平台》，《文献》2019 年第 3 期）。这为出版史料正文本与附文本交互梳理与呈现提供了极大的方便。

三、互鉴：深度融合趋势下的出版史料发掘与研究

万物互联、深度融合的趋势对出版史料发掘与研究带来了深刻影响。学科之间的交叉融合与互鉴，将成为5G时代出版史料发掘与出版史研究的常态。

（一）学术理路的互鉴：与文献学

文献学领域的年轻才俊，已然有了关于不同研究理路互鉴与融合的倡议："计算文献学是新兴的文献学研究路径，使用统计与建模的方法整理文献，迫使我们回答文献学的本质和基础问题，也提供了以全新的角度审视文献学的研究对象、研究方法、研究理论和学科意义的可能性"，而当"人工智能研究发现，仅仅建立在统计基础上的信息管理是难于有突破的，基于人类认识基本规则的人工智能才是重要方向。这提醒我们，传统文献研究与计算文献学将不再是两个截然不同的领域，研究传统文献的方法和理论，应该能为计算文献学的突破提供支撑"。把历史悠久的传统文献学与最前沿的计算文献学未来的发展趋势描述为"合辙同轨"，颇有见地①。而这些，不仅适用于文献学内部的传统文献学与计算文献学，也适用于文献学与出版史这两个不同的学科。

---

① 史睿：《从传统文献学到现代文献学的转型》，见《文献学青年谈》，《文献》2019年第3期，第189页。

然而，受物质因素限制，目前学界的状况是，一个学科的学术活动邀请本领域专家学者尚恐不够，较难兼顾相邻相关学科。而解决这一问题，5G 技术将会起到前所未有的作用，它将以更强大和安全稳定的信息传输力，以超视频化实现实时的跨区域线上学术多边会议。物质条件对学术活动与交融互鉴的限制将被极大地打破。

（二）史料资源的共享：与现当代文学

从事史料发掘、整理与研究工作的学者，对稀见史料获取之难或多或少的体会。这种局面，其实也是出版及其他学科领域史料发掘与研究工作共同的困难，新技术的落地，将在相当程度上改变这一现状。而学科相邻，使得我们可以通过技术手段实现“资源共享”。换言之，通过以 5G 网络为代表的新技术，出版与相邻其他学科之间可以实现更为便捷的史料共享，进而推动不同学科之间的联系、融合与互鉴在保留各自独立属性与品格的基础上更加深入。

结　语

以上拉杂梳理了笔者对技术变革带给出版史料发掘与研究的变化之已见。还需补充的是，技术始终是工具，是为人服务的。我们只有保有充分的人文关怀，才能在过高的热度和过多的泡沫之外，真正思考技术如何落地为人服务。具体到出版史料发掘与研究，笔者以为“文献意识”是最为重要的。

以笔者所从事的编辑工作为例。很久之前，编辑的选题策划、稿件组约、与作者交换审稿意见修改稿件，全部都是用纸质文书（中华书局也保留了大量关于选题策划、组约、稿件修改等方面的“书稿档案”）。技术革新后，编辑与作者的联系更加及时和便捷，无需再像以前那样往返一份书面审稿意见就需要经旬累月。但这也造成了一个问题，很多有价值的信息——亦即出版史料就漫漶在电话、电邮、微信等通信手段与工具中。它们固然还在，但缺乏文献意识的话，对它们的收集整理工作就难以有效开展，更遑论深入研究。技术为史料工作的问题解决、边界拓展和与相邻学科的融合互鉴提供了极大的便利，但同时也为史料的耗散湮灭创造了条件。以谨敬之心做好出版史料的发掘与整理工作，才能为研究打下坚实基础。这想必是任何技术革新背景下史料工作都不可或缺的。

（原载《苏州教育学院学报》2020年第6期，最初为第二届编辑出版青年学者论坛上提交的报告。作者系中华书局学术著作出版中心《中国出版史研究》编辑部编辑）

“明知山有虎，偏向虎山行”

——关于学术图书走近大众的努力

郭时羽

对于“大众是否需要学术”的讨论，我的答案是：大众一定需要学术。只不过，很多时候大众没有意识到这一点，或者说他们没有意识到自己在享受学术的成果。举个最简单的例子：《唐诗三百首》大家都看过，现在市面上有成百上千个版本，价格往往也很低廉，平时随手买一本翻翻，这跟学术有什么关系？但事实上，最初这本书必然也是通过古籍整理，从繁体转为简体，加上标点，很多版本还要加上注释，这些都是整理者受过学术训练才能做的。类似的情况还有很多，读者们往往习焉不察罢了。反过来说，如果整理者和编辑没有经过合格的学术训练，即便是这样一本大众化程度已经极高的图书，也可能错误百出。这么多年来国家通报批评的不合格图书中有很多属于此类情形。我想，大家都不希望自己教孩子读唐诗，结果孩子背了一个错误的版本吧！

当然，古籍整理是个比较特殊的例子。所谓“学术图书走近大众”，更多指的还是当下的学术研究如何做到让大众了解、为大众所用吧。

在我看来，学术大众化有两个方向：一是内容不变，但寻找到一种大众能够接受的形式推出；二是从内容开始就考虑大众的需求和接受度，提供与一般学术论著不一样的信息，其中包括但不限于某些过于专业的论述的减少，以及把某些知识“掰开揉碎”解释的增加等。两个方向不分高低，适应于不同的图书。以我自己近年来编辑的书来说，前者的代表是《甲骨文常用字字典》，后者的代表是《问彼嵩洛：中原访古行记》。

《甲骨文常用字字典》的基本框架是在汉字字头下提供对应的甲骨文写法，从内容上，显然没有什么可改变的。同一个甲骨文，不可能学者来写是这个字形，普通读者来写就变成另一个字形。那么可以大众化的地方是哪儿呢？我们找的点是排序和检索方式。已有的许多古文字字典，均按照《说文解字》的顺序排列。那是汉代的顺序，以篆书为基础。同时，很多字典的索引采用四角号码检字法。这些对学术界而言固然规范而准确，学者懂得如何使用，但对大众来说，实在太难、太麻烦了！因此，我们打破固定思维模式，尽量和大众贴合，用最方便直观的拼音排序，并在书后做了拼音和笔画两个索引。这样，在形式上做到了适应更多普通读者的需求。与此同时，此书的学术性并未有丝毫降低：主编是古文字学界一流专家，选录的字形不仅准确、有据可查，还收录了最新的考证成果，这些都是市面上其他类似图书无法替代的，也是我们的核心竞争力。《甲骨文常用字字典》出版后，在中国文字博物馆举办了首发式，来自清华大学、吉林大学、中国社会科学院等多所学术机构的古文字学者从专业角度给予高度肯定。而在我撰写这篇文稿的时候，本书已经第四次印刷，距离其面世仅仅过了一年半而已，这是来自大众读者的最直接认可。《甲骨文常用字字典》还获得 2019 年中国出版协会年度好书等荣誉，可以说是社会效益与市场效益双丰收。这充分证明：权威、可靠的学术支撑，与适应大众需求的形式结合起来，是大有可为的。

《问彼嵩洛：中原访古行记》则属于另一种情况。这本书由 9 位青年学者合作撰写，他们的专业涵盖考古、中古史、美术史、文学、历史地理等，都是各自领域内的佼佼者，平时他们写的学术论文都发表在最权威的期刊上，往往引经据典，论证严密，多专业术语，大多数人恐怕看不懂并且压根没耐心看。但在这本书策划时，要求便是大众化。所以作者们努力改变之前的写作习惯，共同打造了一本“软学术”游记。“游记”这个题材，按说与学术关系不大，即便《徐霞客游记》，在当时也不过是本“闲书”，不怎么受到重视。但近两年“行走写作”逐渐兴起，罗新《从大都到上都》、罗丰《蒙古国行记》都是典型的成功案例。学者们将自己掌握的知识、自己对历史的见解，甚至是思考问题的方法，融合进旅途，在“移步换景”中流露，自然而不枯燥，读者也易于接受，在山水古迹中得到更深层的收获。《问彼嵩洛：中原访古行记》出版后，媒体宣传和首发、讲座等都开展得非常顺利，大家对这种形式非常认可，许多不甘于“上车睡觉，下车拍照”的旅游爱好者表示，由此打开了一种旅行的新方式。此书获得 2019 年搜狐文化年度人气好书、《中华读书报》年度社科类好书等荣誉，现在也已经再版了。

当然，学术大众化还有更成功的案例，比如畅销上百万册的《万历十五年》，比如过十万册的《资治通鉴与家国兴衰》《晚明大变局》。但同时，我们也应该认识到：“学术”与“大众”两个看上去对立的词，实际上就是有对立性的。这个矛盾不必回避，也无法回避；认识到矛盾所在，然后思考如何消弭这种对立，使之转为一致，才是编辑应该认真思考的，也是每一本想走学术大众化路线的图书必须解决的问题。你无法讨好每一个人，所以得找准自己的立足点。比如《问彼嵩洛：中原访古行记》一书，也有人说不好看，别人的游记文笔更优美、读起来更轻松。这话一点儿都没错，因为我们本来就不是抒情散文呀。走到嵩山少林寺，最好听的当然是导游词，绘声绘色地讲述一个个精彩的传说故事。而我们的书里，告诉读者这里的建筑大多都是明清甚至近代的，金庸小说里郭靖大侠是宋朝人，你现在看不到他那时的大雄宝殿。多煞风景！不是吗？

严谨的表达，带来的阅读快感确实不如华美的辞藻，但学术往往离不开严谨。由此，学术大众化的图书，其实做得再累再用心，从市场销量来说，总体占据的比例还是非常微小。但是，总有读者想要知道一些更深层的东西，总有人更想要真实而不仅仅是刺激。正是这种需求，鼓励着编辑“明知山有虎，偏向虎山行”。也应该感谢有这些需求的读者给予我们的支持，让我们能够在市场上活下去，哪怕活得不那么轻松。如何在学术与大众之间架起桥梁，如何为严谨的学术尽可能找到一种更柔软、更能被大众理解与接受的呈现形式，则是我们坚持不懈的努力方向，从某种程度来说，也是我们出版人的一种责任。

（原载2020年9月28日《藏书报》，作者系中华书局上海聚珍文化传媒有限公司编辑）

文献学术出版人的分内事：做好专业内容的大众化和普及化

张　昊

2020年6月18日，已经108岁的中华书局开启了一场长达8小时10分钟的直播。中华书局掌门人徐俊带队，老中青三代编辑轮番上线直播间，为读者推荐“6·18”大促期间不能错过的“中华”好书。同时，直播间每隔一小时抽奖一次，发放精美福袋，为读者回血。

新书发布会上，老中青三代编辑除了向读者分享《梁书》背后的故事、相关的历史知识、修订过程之外，还在直播中增设了与读者互动评论、抽奖、秒拍、答读者问等环节。“南朝四百八十寺，多少楼台烟雨中。”梁朝自开国至灭亡共56年，留下了怎样的历史？大家熟知的梁武帝、昭明太子在《梁书》中以怎样的面貌出现？胡珂和李勉两位编辑在发布会直播中从梁史讲到《梁书》，由正史聊到野史八卦，在线读者听得直呼过瘾，称内容新奇有趣。这次发布会直播的主平台选在了中华书局新上线的小程序“i中华书局”，许多读者在观看直播后表示，没想到这些印象中有点枯燥的历史背后有着这么多生动有趣的故事，既有意思又长知识。

《梁书》选择线上新书发布的形式，既是一次大胆的尝试，也是一次探索更接地气、更有实效的运作模式，并带给我们更多的思考。

提高认识：走出专业领域

唐代文学家韩愈在《师说》里有一句名言，叫“闻道有先后，术业有专攻”。我认为这句话在图书出版领域也是适用的。无论从事文献学术类图书出版，还是大众普及类图书编辑，专业性对出版人的要求都是存在的，难度也相差无几，并不是搞学术出版的人就比搞大众出版的人能力更强，而是大家需要关注的领域不一样，体现出来的能力要求也有所不同。以往我们认为，搞文献学术出版的从业者，首先自己就应该是某个领域的“高知”，然后很自然地就把“高学历”换算成了“高能力”。但是随着现代出版业越来越专业化、越来越多样化，我们发现这样的换算其实是不成立的。做大众出版是一件很有“讲究”的工作，不是随随便便一个人就可以胜任的，抛开专业范畴各自的差异不说，仅就对“人性”的理解和把握能力来说，做大众出版的编辑就普遍优于搞文献学术的编辑，因为面对的读者群不同。文献学术类编辑可以“躲进小楼成一统，管他春夏与秋冬”，但大众出版类编辑不行，他需要广大非专业读者的认可才能生存下去。这也是为什么做文献学术的出版社，都在积极拓展自身在大众阅读领域的占比，但普遍效果不好的原因，这里面还存在意识差的问题。

融媒时代：全方位触媒

我对“融媒时代”有一个基本的认识：这是一个过渡时期，是从传统媒体时代向数字媒体时代转变的过渡阶段，转变的最终结果将是信息传播的全面数字化和网络化。目前一些国家正在开展“脑机”接口的相关研究，人类通过网络下载数据储存到个体大脑已经不再是科幻作品中的场景。试想，在任何数据都可以下载的时代，需要借助实体媒介的传统信息传播方式必将被淘汰，这是大势所趋。因此，出版人的进阶也应该从这个大趋势的角度出发。

首先，是心理上的认同和接受。很多从事文献学术出版的同行对新媒体还是有抵触或漠视心理的，认为这些离我们有点儿远。但实际上新兴媒体早已扎根在我们周围，无论新的传播媒介，还是无数自媒体人，都是不可忽视的新兴力量，仍然故步自封的“无视”是不行的。

其次，是对新媒体的学习和使用，这种学习使用是全方位的。目前我们更多的是在出版工作的后期，新媒体才介入出版人的工作，比如新书宣传、作者介绍、直播带货等。但其实不妨让新媒体更早地进入出版环节，比如发现作者、出版社品牌运营等。

再次，是主动利用新媒体形式，或者更准确地说是出版形式。比如我们做文献出版，以往传统的方式无外乎影印、点校整理、白话译文等，但一大趋势是各种文献数据库将会成为未来的主力产品，数字出版也将是未来行业的发展方向，这都要求现在的出版人更多地、更有意识地主动思考数字出版的相关问题。

未来可期：专业选题大众化

就文献学术类图书来说，选题策划的精准度可能会越来越重要。经过几十年的工作，学术研究所需的基本、常备资料已经出版得差不多了，以后工作的重点可能需要转向更为精准的文献提供，专门为某一个分支学科提供专题资料。这种专题资料的整理和出版势必要借助新媒体、新技术，也包括这几年在学术界和图书馆界都很热的“数字人文”，很可能数字出版物将成为文献出版的主流方式。

目前我们所看到的学术类图书和大众普及类图书还是存在泾渭分明的边界，学术图书的作者、出版者都会先天地认为，这本书不是给普通大众看的，书中所用的语言、版式、封面设计也基本不会考虑非专业读者的接受问题。但我认为，专业内容、学术内容的大众化和普及化应该是我们思考的一个方面。曲高和寡不应该是学术出版的常态，让更多的读者能够读懂专业书，能够有兴趣去选择和阅读专业著作，更应该成为作者和出版者的目标，毕竟只有这样才能更好地提高整个读者群的知识接受能力，提高国民的整体学术素养。这应该是出版人的分内事。

我目前主要在做的工作是“海外中文古籍总目”和“民国时期出版物总目录”两个书目类工具书的项目。

编纂书目一直是我们国家学术界的优良传统，中华书局也曾经在1992年至2009年，用了17年的时间编纂出版《中国古籍总目》。从2013年开始，我们将古籍目录编纂的视角转向海外，启动了“海外中文古籍总目”的编纂出版工作。这项工作也得到了国家的高度重视，被列为“2011—2020年古籍整理出版规划”项目和“十三五”国家古籍整理出版规划项目。截至2020年6月，我们已经完成了9种海外古籍目录的出版工作，涵盖14家海外图书馆。下半年，我们还想出版几种重量级海外古籍目录，包括《美国哈佛大学哈佛燕京图书馆中文古籍目录》《法国国家图书馆中文古籍目录（古恒部分）》以及《新加坡国立大学图书馆中文古籍目录》。这三家海外图书馆的古籍收藏量都很大，特别是哈佛燕京图书馆的古籍收藏，在整个西方汉学界是首屈一指的。

“民国时期出版物总目录”则是我们承担的另一个“十三五”重点图书出版项目。上世纪80年代，曾经编纂过《民国时期总书目》，限于当时的条件，整套书目仅收录了国家图书馆、上海图书馆、重庆图书馆三家馆的馆藏，而且仅限于西式装帧的图书，也就是我们常说的“旧平装”。但据我们的调查，这套书目的遗漏还是比较大的，因此我们决定重新编纂民国时期文献目录。2019 年底，我们刚刚出版了《民国时期出版物总目录·民国线装图书总目》，这套书目是新中国成立以来第一次对民国线装图书进行整理编目。我们知道，民国时期是一个文化剧烈变革的时期，新旧杂糅，西方文化传进来，而很多中国旧有的文化元素也并没有骤亡，它们长期共存着。在图书出版领域的表现，就是民国时期仍有大量图书是以传统线装的形式存在的。这些图书数量之大、品种之多、版本之丰富，令人难以想象。但因为现在大多数公共收藏单位将这些民国线装书与古籍一起归类典藏，而它们又不属于古籍范围，这就造成了长期的编目缺失和重视不足。针对这种情况，我们启动了民国线装图书编目整理工作，联合国内 10 家大型图书收藏机构，搜集了 20 余万条书目数据，经过查重整理，最终编纂出约 8 万种民国线装书目录。需要说明的是，这 8 万种书目并不包含大型丛书的子目。民国时期是丛书出版的高峰，《四部丛刊》《四部备要》等大型丛书都是在这一时期出版的，在我们的目录中虽然详列子目数据，但并没有将子目数量统计。因此，如果按子目统计，我们这套书目将超过 10 万条。

下一步，我们将会出版《民国报纸总目》。2021 年是中国共产党成立100周年，届时我们还会出版《红色出版物总目（1912—1949）》，为党的生日献礼。

（原载2020年7月20日《藏书报》，作者系中华书局总经理总编辑办公室员工）

镌刻进生命里的书与人

李　爽

2019 年 11 月 15 日，在北京香山饭店举办的国家出版基金重大项目《龙泉司法档案选编》出版座谈会上，我作为中华书局编辑团队的代表发言，当讲到“深深感动于以包伟民教授为核心的整理团队……特别是直接与我对接的傅俊老师，几乎每天都要不厌其烦地回复我提的各类疑问”时，哽咽得说不出话来，那一刻，心中充满了感激与不舍，《龙泉司法档案选编》（第三、四、五辑）进入全速出版的这两年多来，每天从早上 7 点多，到晚上 10 点多，从工作日，到周末、节假日，微信上闪动的这个头像和名字，已经成为我生活的一部分！那一刻，我真切地感受到，这部历时 12 年整理编纂、8 年编辑出版的五辑 96 册的皇皇巨制，这些一路走来并肩奋战、相互搀扶的师友、同仁，已经镌刻进我的生命里，不能磨灭！

2012 年初，时任历史编辑室主任的李静老师告知，准备吸纳我参加由她主持的《龙泉司法档案选编》（第一、二辑）的编辑工作。当时，第一、二辑刚刚获得国家出版基金资助，且被列入重大项目。而我只是一位入职一年多的新人，对这个项目的价值意义和工作难度，可以说是完全无感。2012 年 8 月 25 日，我跟随李静老师、柳宪老师参加了在浙大紫金港校区隆重举办的《龙泉司法档案选编》（第一辑）发布仪式暨座谈会，会上著名历史学家王家范、李伯重的主旨发言，使我对龙泉司法档案整理出版的价值意义有了初步了解。记忆更为深刻的是第一次正式参与《龙泉司法档案选编》编辑小组与整理小组的讨论，时间是 2012 年 10 月 21—22 日，地点在浙大西溪校区人文学院历史系办公楼，内容是商讨第二辑编辑方案。会前，李静老师让我做会议记录，会议一开始，我发现自己几乎听不明白他们在讨论什么！赶紧用手机录音，会后仔细听了数遍，才整理成文。这次经历，使我认识到了参与这个项目的工作难度。

龙泉司法档案，现保存于浙江省龙泉市档案馆，共计 17333 卷宗，88 万余页，时间上自咸丰元年（1851），下至 1949 年，横跨近百年历史，记录的诉讼案件超过 2 万宗，是目前所知民国时期保存最完整、数量最大的地方司法档案。民国时期民、刑诉讼案件的卷宗，构成了这批档案的主体。状纸、传票、提票、拘票、点名单、调解笔录、言词辩论笔录、庭审口供、堂谕、判决等各类诉讼文书，对于我这位古典文学专业的博士而言，是一个个完全陌生的名词。第二辑编辑小组的其他三位成员，都是资深编辑。李静、柳宪两位老师，参与了项目前期的选题论证、实地考察、方案讨论，孙晓林老师对第一辑晚清时期2册的书稿做过认真的审读编辑，只有我是对项目、书稿茫然无知的新人。要想不“掉队”，尽快熟悉文书的内容、体例，理清编纂脉络，并提出有价值的编辑意见，唯有比别人投入更多的时间和精力。舍此，并无捷径可寻。

《龙泉司法档案选编》的整理方式，既非单纯影印，又非全部录文，而是依据龙泉司法档案的实际情况，做有一定深度的选编整理:即以案件类型与诉讼过程的典型性、文书保存的完整性和案情的史料价值为基本原则，收录围绕同一案件产生的所有相关卷宗和档案，并以每件文书的产生时间为序对档案进行重新编排。整理者编选之后，还要撰写提要、编制索引、排列图版并为图版准确定名。以这样的方式整理档案，在体例上是一大创新，相应的，可以借鉴的出版经验也非常有限。在正式开始编辑工作之前，编辑小组仔细研读文书内容，梳理各类文书的形制特点，比照同类档案的出版成果，并结合以往编辑出版古籍整理类图书的经验，反复讨论，确定了编辑工作的大原则：用编辑出版古籍经典的态度工作，尊重历史、坚持学术规范。为了文书整理的专业性，编辑小组花费了大量时间、精力熟悉专业术语，查阅资料，请教专家，仔细推敲表达方式。

第二辑 44 册的出版压力非常之大。整理小组从 2013 年初陆续交定稿，按出版基金申报计划第二辑要在同年 12 月完成。翻开我的 2013 年工作日志："1 月 31 日（星期四） 李静老师交《龙泉司法档案选编》第二辑 1913 年书稿，要求正月十五之前看完。""2013 年 2 月 8 日（星期五）—2 月 15 日（星期五） 春节假期 《龙泉司法档案选编》·第二辑·1913，第十个案子看完。"2013 年春节假期，是我第一次静下心来仔细审读《选编》的书稿，虽然没有休息，但我对书稿的情况逐渐熟悉，已经有信心跟上三位老师的步伐，值得！

2013 年是《选编》编辑体例、规范磨合的瓶颈期。没有现成的体例、规范，我们只能自己艰难摸索。编辑小组每周两到三天，从早到晚讨论各种细节，诸如以时间为序是以哪个时间为序、正件附件的处理原则、同类文书的不同情况等等，每次讨论之后，我负责汇总整理编辑组意见，李静老师负责沟通交流。这一年，书稿的编辑进度非常缓慢，但我们与整理小组商量细化了编写方案，最终初步形成了长达 15 页的《第二辑编辑规范》。正是这个编辑规范，有力地保证了整理、编辑、校对以不同的角度处理不同案件的各类文书，有一个统一的标准和尺度。作为一名新人，我在集体中迅速成长，从编辑组的两位老编审柳宪、孙晓林老师身上，我学到了编辑书稿如何从大处着眼、从细节入手，既能在宏观上准确把握整理的框架、体例，又能将编辑原则、规范落实到每一条著录文字的编写里、每一幅图版的编排中；从李静老师身上，我学到了如何做好大型项目的时间规划与流程管理，如何与各个环节建立良好的沟通机制。这一年，收获满满，读书时立志成为一名学者的我，渐渐对编辑这个职业有了兴趣。

2014 年是第二辑出版的攻坚阶段。由于此前在编辑规范上花费了大量时间讨论、磨合，第二辑没有在 2013 年 12 月完成出版，延期至 2014 年 9 月完成。编辑小组抱定了迎难而上、克期完成的决心，全力以赴。最后几个月，可以用分秒必争来形容，每天都是工作日，都是近 12 小时的工作强度，由于精神高度集中，我晚上梦境里都是一幅幅展开的文书！虽然时间紧迫，但对书稿质量的要求绝不能有半点松懈。从内容提要逻辑关系是否清晰、索引项著录是否准确，到图版裁切拼接是否妥当，都细细比对、考量，逐年详细记录各类问题，我个人的《审稿记录》就达 40 余页。编辑组撰写的第二辑审读报告，获得 2015 年全国优秀审读报告评比一等奖，这是我们集体智慧的结晶，也是我们携手共进的见证。

经过 2015 年的休整，2016 年我们启动了《龙泉司法档案选编》(第三、四、五辑)50 册的出版计划，2017 年初再次获得国家出版基金资助，列入重大项目。2017 年底，李静主任因为工作岗位调整，我作为项目负责人，负责完成了第三、四、五辑的出版工作。

2018年第一次感到项目负责人的压力。第二辑出版时，项目由李静老师统筹，我只需要按时保质完成她分配的任务，而第三、四、五辑我不仅要担任大量书稿的审读、文字编辑工作，更要统筹各个环节、流程之间的衔接、进度，保证项目有序、高效地运行。实际上，我既是项目负责人，又是编辑主力。项目负责人是整个项目运转的中枢，发指令、提要求、盯进度，解决随时发生的各种问题。编辑主力则必须保证审稿、编辑加工这两个环节的工作进度。化压力为动力，经过项目团队坚持不懈的努力，第三、四、五辑50册于2019年9月完成出版，五辑96册终成完璧，被学界誉为地方档案文献整理的典范之作。

这段编辑经历，于我个人，还有一份特殊的意义——圆了我年少时的梦想。高考时的第一志愿是法学，热爱它充满理性光辉的深邃与博大，惜未能如愿。上天眷顾，让我在编辑生涯的第一个十年，与龙泉司法档案不期而遇，每次进入司法文书的历史世界，跟随起诉、受理、调查、传讯、审判、上诉、和解、执行等各个环节，探寻案件发生、发展的情境，在原告、被告、证人、律师、检察官、法官等角色之间转换，体会档案记录背后的深层蕴含，仿佛年少时的梦想，以另一种方式得以实现！

8年，有喜悦，有困顿，有辛劳，但从未有放弃。这段岁月，注定了是一份刻骨铭心的记忆。正如钱穆先生所说，忘不了的人和事才是我们的真生命。编辑团队、整理团队以及每一位给予项目关心、支持的朋友，你们绽放的笑容、流过的热泪，都深深地镌刻在我的生命里，这一路同行，这一生难忘！

（原载《出版人》2020年第1期，作者系中华书局古籍整理出版中心历史编辑室编辑）

伯鸿书店漫步

范京京

旧书不厌百回读，熟读深思子自知。

今天和大家一起云漫步以古书、旧书为特色的伯鸿书店。我们这里说的古书、旧书，不是指书的出版时间，而是指书的内容。

伯鸿书店，从书店招牌的风格，我们首先感到了一丝古韵。木质的招牌不大，上面用深绿色油漆漆着繁体的“伯鸿书店”四个字。整个书店的外观以落地窗为主，既让行人从外部就可以瞥见书店内的面貌，也让书店内的采光更好。书店外部中间部分栽种了一排月季花，两端则各种了一小片竹子，东坡居士曾说“宁可食无肉，不可居无竹”，可见古代文人墨客对竹的欣赏与喜爱。书店的正门店招牌两侧是用青砖砌成的门框，招牌上面则是用灰瓦做铜钱纹造型的上沿。整个门脸都透露着古朴、典雅的气息。

伯鸿书店是 2017 年开张营业的，主要经营中华书局的本版书。我们知道，民国时期很多出版社都是“前店后厂”的经营模式。伯鸿书店坐落在中华书局办公大楼的一层，楼上是编辑同事对书稿进行加工和整理，楼下是销售人员对图书进行介绍和销售,可以说重现了出版业昔日“前店后厂”的景象。这里也就可以解释一下书店名字的由来了，“伯鸿”正是中华书局创始人陆费逵先生的字，故而书店名为伯鸿书店。

1912 年元旦，陆费逵先生在上海创办了中华书局，提出“教科书革命”和“完全华商自办”的口号，与商务印书馆竞争。1912 是中华书局创建的年份，并迅速发展成为当时国内民间第二大出版机构。迄今为止，中国超过

古籍·学术

100 年历史的出版社只有两家，其中一家就是 1912 年创办的中华书局。

伯鸿书店作为百年老字号出版社的展示窗口，在读者与出版社之间架起了一座沟通的桥梁。在这里几乎可以找到中华书局在售的任何书籍，也可能和不定期来书店签书的作者、来书店翻书的编辑不期而遇。店员们有时还会把作者签好的书随机插到书架上几本，称之为“埋彩蛋”，看看这些书会被哪些幸运的读者买走。

走进书店，正对面收款台上方是冯其庸先生 85 岁时写的一幅字，上书“以古人为知己，集斯文之大观”。整个书店是一个东西向比较狭长的布局，南边一整面都是落

地窗搭配座椅景观位，您可以在这里坐着看看书、喝喝咖啡喝喝茶、晒晒太阳，感觉是非常惬意的。整个北面都是陈列书架，中间部分也是一些图书展台。

我们再来看看整个书店的图书分布。前面提到过，伯鸿书店主要经营中华书局的本版书，所以图书的选品全部都是传统文化方面的，以古籍居多，涉及文学、历史、哲学、语言文字等学科。大致是西侧以大众普及类为主，比如“中华经典藏书”系列、“国民阅读经典”系列、“中华国学文库”系列和“中华经典名著全本全注全译”系列等等；东侧以专业古籍整理类书籍为主，像“二十四史”系列、“史学基本典籍丛刊”系列，还有“古典文学基本丛书”系列等等。

在书店东侧中间位置有一片玻璃展柜，里面展示的是特殊版本书籍，有作者签名本、钤印本、毛边本；对面的玻璃展柜里则展示了一些文创产品，像一些笺纸、印章石料、品茗杯等。

在玻璃展柜往东有一个写毛笔字的台子，每年春节前伯鸿书店都会请来一些书法造诣突出的老师来到书店为读者朋友写春联，写福字。诸位老师一齐开工，中间还交流一下心得，切磋一下技艺。中华书局执行董事徐俊先生也是一位书法爱好者，每年都会给我们的读者写福字，有时读者正好遇到，也有当面求字的，徐俊先生自是慨然应允。这也算伯鸿书店每年一个小小的雅集吧。

再继续向东走，书店东侧的尽头有一个小小的水吧，在书店读书小坐时可以点一杯咖啡或者一壶香茗，度过一段舒适、恬静的阅读时间。

伯鸿书店开业后已成为丰台区的一处文化地标，为读者和附近居民提供了非常好的文化传播空间。每年“两会”期间，还会有不少外地来京参会的代表专程来到伯鸿书店，走一走，选些心仪的图书。每年 4 月 23 日世界读书日这一天，伯鸿书店也成为中华书局“读者开放日”的重要接待场所，与老中青各个不同年龄、文化层次的读者进行最亲密、最直接的文化交流。这些都拉近了读者与中华书局之间的距离，让大家不再觉得我们是高高在上的古籍出版

社，让中华书局褪去神秘的面纱，更接地气，更贴近读者。所谓“鸟欲高飞先振翅，人求上进先读书”，愿伯鸿书店成为助读者展翅高飞的那一股风。

（原载2020年2月16日“北京市实体书店”微信公众号，作者系中华书局营销中心综合业务部员工）

特稿

在中华书局的日子

赵声良

在大学毕业前夕，我已决定要到敦煌去工作，有一天，给我们讲古典文学的赵仁珪老师约我到他家去。我来到了靠近北太平庄的北师大教师住宅区，进到赵老师家，赵老师向我介绍了柴剑虹老师。我才知道原来柴老师和赵老师同为启功先生的弟子。柴老师毕业后到了中华书局工作，但他经常要到北师大来与赵老师一起去看望启功先生。赵老师听说我要到敦煌工作的消息后，希望柴老师能给我介绍些敦煌的情况，给我一些帮助，所以专门安排时间让我跟柴老师见面。柴剑虹老师一看就知道是南方人，说起话来滔滔不绝，充满热情。那个年代，在北京很难找到了解敦煌情况的人，柴老师由于工作的关系，与敦煌文物研究所的很多研究人员有交往，所以对敦煌的事十分熟悉。柴老师详细向我介绍了莫高窟和敦煌文物研究所的情况，以及所里的学者不同的研究方向。柴老师还说要给敦煌的专家写信，请他们照顾我。我由此了解到了段文杰、史苇湘、施萍婷、李永宁等专家的情况。我毕业后到了敦煌文物研究所，施萍婷、李永宁等老师早已知道了我的情况，而且后来也常常给我关怀。柴剑虹老师可以说是引导我进入敦煌学界的第一位老师。

初到敦煌那几年，很少再到北京，也很长时间没有机会再见到柴老师，但柴老师一直牵挂着我，常常会托人问我的工作和生活状况。1987 年，为了办《文史知识》（敦煌学专号），柴老师领着中华书局《文史知识》编辑部的编辑来敦煌约稿。那次在敦煌有较长的时间跟柴老师交谈，柴老师了解到我在《敦煌研究》编辑部的工作情况和美术史研究的进展，他表示满意，并鼓励我沿着选定的方向发展。那时我正在研究敦煌早期壁画中的故事画，就写了一篇文章向《文史知识》（敦煌学专号）投稿，编辑部的几位老师看了，都觉得写得不错，给了我很大信心。当时，《敦煌研究》杂志的主编段文杰先生也希望柴老师帮助我们培养编辑力量。柴老师非常赞成这样的思路，他建议段院长让我到中华书局实习半年。于是，1988 年下半年我就来到了位于北京王府井大街的中华书局。

繁华的王府井大街北端，有一栋样式十分陈旧的青砖砌成的楼房，楼里却是两家中国一流的出版社——中华书局和商务印书馆。《文史知识》编辑部先是在四楼，楼道从南到北是很长的，即使是白天，也给人幽暗之感。办公室是很拥挤的，十多平方米的办公室，通常是两人或者三人一间，两边的墙壁均被书架占满，桌上也堆满了书和稿件，不管到哪个办公室，都是这样没有转身之地。在那个年代，这样的办公条件是很平常的，倒也没有特别觉得奇怪。我只是想，原来这样的地方就是中国学术层次最高的出版社，像杨伯峻、赵守俨、周振甫等大专家都曾经在这里工作过啊，自己能来这里工作，真有一种自豪感呢。不久，《文史知识》编辑部搬到了最顶层六楼的一个角落，房间相对宽了一点点，办公室较集中了。为了解决我在北京的住宿问题，编辑部专门腾出了一小间给我做临时的宿舍和办公室。五楼大部分房间是职工的临时住宅，因为是由办公楼改为住宅，很多家庭都把一些物品和煤气炉放在走道上，走道上基本没有路灯，稍不小心就会撞上人家的东西。如果是晚饭时间，每家都会在楼道做饭，那时，就会有人从屋里接出一盏电灯。可以想见，要在大家都繁忙地做饭炒菜之时穿过这个走道，还真要费点功夫。

在《文史知识》编辑部，我参加了日常的审稿和编辑工作，通过与编辑部的老师一起工作，学习他们的编辑方法，并了解《文史知识》这样一份杂志的编辑思想与方针，我明白了一份好杂志在编辑方面应该具备的学术前瞻性和策划方面的科学性。有一次，编辑部开会，中华书局总编辑、《文史知识》杂志主编李侃先生在会上讲了话。李侃先生讲话言简意赅，常常富于诙谐。记得这次会上李侃先生说过两句话，给我印象非常深刻。他说："现在办刊物，我看有两种办法，一种是人办刊物，一种是刊物办人。"李侃先生解释这两种办法：怎么叫人办刊物呢？就是要有主动性，按社会发展的需要、学术发展的需要来办。怎么叫"刊物办人"呢？因为有些刊物已经办起来了，但编辑仍然不知道该怎么办，只是因为要办这个刊物，才不得不办。这两种办法的最后结果当然可想而知，前者必然会受读者喜欢，后者只能被社会淘汰。因此，李侃先生主张一定要有前瞻性，一定要学会调查研究，把握读者的需要，让刊物永远站在社会发展的前沿，才能保持不败之地。

《文史知识》杂志与学术界的联系十分紧密，因为这份杂志涉及文学和历史，是社会科学中接触面最广的两门学科，编辑常常会参与一些学术活动，并进行有目的的组稿。柴老师常常安排我去参加一些活动，跟许多学者见面和交流。在这期间，我认识了以研究敦煌文学而著名的张锡厚先生，翻译了大量法国敦煌学著作的耿昇先生，而且还随柴老师走访过季羡林先生、任继愈先生、启功先生等著名学者。那几年，由于柴老师的努力，《文史知识》开始与一些地方文化单位合作，办一些地方文化专号，一方面宣传了各地的文化传统与风土人情，一方面也把文史研究扩展到更深更广的领域，深受读者欢迎。一些地方政府主管部门还专门找上门来，要求合作办地方文化专号。但每次专号，柴老师总在强调文化的支撑点——学术研究，一定要有学术依据，而反对纯粹的宣传，所以每一次专号除了率领编辑部相关编辑人员到实地考察，还要请国内这一领域的专家写稿,以保证文稿的质量上乘。这样,在《文史知识》的编辑策划过程中，也极大地提高了编辑人员的素质。

在《文史知识》编辑部的日子是短暂而难忘的。跟随柴剑虹老师，似乎没有做过多少事，但使我一下子对编辑工作，对学术研究有了很多领悟，使我在以后的日子里，在编辑工作中充满了自信。我曾在文物出版社跟从黄文昆老师学习编辑图书，特别是在基本的编辑技能与素养方面收获良多。回想在中华书局这段日子，柴剑虹老师使我对期刊的编辑有了更深入的认识，对期刊的发展有了较全面的把握。

（原载《敦煌旧事》,甘肃教育出版社 2018 年 12 月版。作者现任敦煌研究院党委书记）